RECETTES DE CAFÉ

Annie PERRIER-ROBERT

Photos : S.A.E.P. / C. DUMOULIN
Coordination de l'ouvrage : Eric ZIPPER

Dormonval

Signification des symboles accompagnant les recettes

Recettes
- élémentaire
- facile
- difficile

Recettes
- peu coûteuse
- raisonnable
- chère

"Dans peu d'instants le lait bouillant,
le café noir, le beurre reposé au fond du puits
rempliraient leur office de panacée..."

Colette, *La Naissance du Jour*

Dans d'innombrables pays, le café rythme l'écoulement de la journée. Il est l'un des produits que se doit d'avoir toute cuisine bien approvisionnée. Conservé dans une boîte en fer, en un lieu sec, il se trouve à portée de la main.

Thé et chocolat jouent un rôle non négligeable dans la composition du petit déjeuner, mais le café, noir ou au lait, demeure le breuvage le plus répandu. Tartines ou toasts, accompagnés de beurre et de confitures ou de miel, croissants ou brioches, gâteaux variés, céréales, porridge, œufs sous différentes formes, viande froide, charcuterie, poissons fumés, fromages, etc, s'allient alors à sa consommation, sans la moindre dissonance. Si l'on estime toutefois n'avoir pas le temps de prendre un véritable petit déjeuner, comme les nutritionnistes s'évertuent à le recommander dans l'intérêt d'un régime alimentaire équilibré, il n'existe plus guère de prétexte valable qui tienne pour le café ! La cafetière programmable participe au réveil, en embaumant la cuisine avec l'odeur du café prêt à être bu. Et, à défaut de cafetière de ce type, le café soluble est bien pratique...

A l'heure du brunch, mi-breakfast mi-lunch, le café est encore là. Il y côtoie les aliments les plus variés, dans la décontraction d'une "grasse matinée" de vacances ou, simplement, d'un dimanche paresseux.

Moment priviligié que celui qui clôt le déjeuner. Le café arrive à point pour aider à la digestion. Même lorsqu'il faut reprendre ensuite une activité, quel plaisir de s'accorder le temps d'en humer l'arôme et de le savourer ! A cette heure de la journée, il fait office de trait d'union.

Symbole de détente, le café l'est parfois aussi un peu plus tard, au cœur de l'après-midi. Temps de pause pendant le travail, moment de calme au retour d'une promenade... D'aucuns, qui ne craignent pas ses effets stimulants, le retrouvent le soir, après le dîner, compagnon de lecture, de jeux ou, simplement, d'une séance de "petit écran". Mais, dans cette seconde partie de la journée, il peut revêtir d'autres formes, se prêter à des compositions, alcoolisées ou non, chaudes ou froides. Les recettes ne manquent pas, qui surprendront agréablement vos convives.

Ne font pas défaut les douceurs auxquelles participe le café : gâteaux, biscuits, desserts, crèmes, glaces, friandises,... Il y apporte arôme et finesse. Et sans doute manque-t-on d'audace en Europe pour suivre l'exemple des Brésiliens qui, inconditionnels du café - et du café fort -, l'incorporent à des apprêts salés, tels le lombinho assado ao molho de cafe *(filet de porc rôti agrémenté d'une sauce composée de café, de beurre, de citron et de moutarde) ou le* picado carioca ao cafe *(viande hachée préparée avec du café, du vin et des condiments).*

Coll. A.P.-R.

HISTOIRE

ET

TRADITION

DE LA LEGENDE A L'HISTOIRE

"Il est une une liqueur au poète plus chère,
Qui manquait à Virgile et qu'adora Voltaire :
C'est toi, divin café, dont l'aimable liqueur,
Sans altérer la tête, épanouit le cœur."

Delille, *Les trois Règnes*

Le café puise ses origines au merveilleux d'une légende orientale. Un berger fut, surpris, un soir de ne pas voir revenir ses chèvres. Au petit matin, parti à leur recherche dans la montagne, il les trouva gambadant joyeusement auprès d'arbrisseaux, au feuillage vert brillant, pourvus à la fois de petites fleurs blanches et de baies, plus ou moins colorées selon leur degré de maturité. C'est alors que, curieux de goûter ces fruits qu'il avait deviné être à l'origine de l'étrange comportement de ses bêtes, il se mit, lui aussi, à danser. Passait par là un mollah, du nom de Chadely ou Scyadly, alors fort préoccupé par l'assoupissement dont il était victime au cours de ses séances de prières et qu'il attribuait, non sans inquiétude, à une baisse de dévotion de sa part. Fasciné par le spectacle qui s'offrait à lui, ce religieux mahométan cueillit quelques baies rouges, en parfaite maturité, et en fit une infusion qui, le maintenant en éveil, lui rendit la vivacité d'esprit qu'il croyait avoir perdue. Il fit déguster ce miraculeux breuvage à ses derviches. Lesquels purent désormais participer aux prières nocturnes sans être portés à somnoler... Et de là se serait répandu l'usage du café.

AUX SOURCES DE L'HISTOIRE

Si le plus grand flou préside à la légende – une autre version fait du protagoniste un prieur maronite – l'histoire n'est, à ses débuts, guère plus précise. Il semble que l'on ait fait usage du café en Perse dès le IXe siècle, mais peu de témoignages nous sont parvenus. Il est seulement certain qu'il a été introduit au Yémen, sur les terres de l'Arabie Heureuse des Anciens, au XVe siècle. Son premier utilisateur aurait été un mufti d'Aden, qui l'aurait rapporté d'un voyage en Perse. De là le café aurait gagné Médine, La Mecque, Le Caire, puis tout l'Orient. On buvait du *kahwa* pendant les prières, dans le sein même des mosquées. A la Mecque, les pèlerins en consommaient devant la tombe du prophète. C'est seulement lorsque les boutiques apparurent, distribuant le café au public et attirant à elles une telle foule que les mosquées furent désertées, que le breuvage perdit de sa faveur auprès des religieux et commença à être frappé de sévères interdictions, d'autant que certains avis médicaux lui prêtèrent les plus déplorables effets. Point pour très longtemps, il est vrai.

Coll. A.P.-R.

LE CAFÉ A CONSTANTINOPLE

Il semble que le café n'ait commencé à être connu dans la capitale turque que vers 1555, lorsqu'une boutique s'ouvrit dans le quartier Takhtécalah. Laquelle attira rapidement les "beaux esprits" que comptait la ville. On s'y retrouvait, on y discourait, on y lisait, on y jouait aux échecs.

"Comme on en était quitte pour quelques aspres "- petite monnaie d'argent de l'époque -," ceux qui voulaient réunir des amis, au lieu de leur donner des repas, les y régalaient de café, et faisaient ainsi leur affaire à bon compte.", apprend-on par un manuscrit turc du XVIIe siècle. L'affluence était telle qu'on avait peine à y trouver une place. C'est alors que les muezzins et autres religieux prirent ombrage de cet engouement. La liqueur éloignait le peuple des mosquées... On tenta donc de la prohiber. Prédicateurs et muftis promulguèrent que "tout ce qui était rôti de manière à être converti en charbon était défendu par la loi" et le café fut curieusement assimilé à cette défense. Mais rien n'y fit. La boisson gagna du terrain. On la vendait à la dérobée, dans le secret des arrière-boutiques. Bientôt, religion et loi durent s'incliner devant elle. Les grands du pays, eux-mêmes, y prirent goût... au point que des vizirs firent édifier des cafés pour leur compte et en tirèrent d'intéressants profits.

A la fin du XVIIe siècle, le café était désormais intégré aux usages ottomans. Bien que frappé d'une nouvelle taxe aux principales douanes de l'état, il était employé en quantité croissante. Province turque, l'Egypte couvrait à elle seule, plus de la moitié de la consommation de l'empire. L'importance de la boisson était telle qu'au moment du mariage turc, le fiancé devait promettre à sa future femme qu'il veillerait à ce qu'elle ne manquât pas de café, le manquement à cette promesse étant une cause de divorce.

UN CAFÉ AU CAIRE AU XIXe SIECLE

"Après avoir déjeuné à l'hôtel, je suis allé m'asseoir dans le plus beau café de Mousky. [...]

"Des divans d'un bois assez dur, qui règnent autour de la pièce, sont bordés de cages en palmier, servant de tabourets pour les pieds des fumeurs, auxquels on distribue de temps en temps les élégantes petites tasses *(fines-janes)* dont j'ai déjà parlé. C'est là que le fellah en blouse bleue, le Cophte au turban noir, ou le Bédouin au manteau rayé prennent place le long du mur, et voient sans surprise et sans ombrage le Franc s'asseoir à leurs côtés. Pour ce dernier, le *kahwedji* sait bien qu'il faut sucrer la tasse, et la compagnie sourit de cette bizarre préparation. Le fourneau occupe un des coins de la boutique et en est d'ordinaire l'ornement le plus précieux. L'encoignure qui le surmonte, garnie de faïence peinte, se découpe en festons et en rocailles, et a quelque chose de l'aspect des poêles allemands. Le foyer est toujours garni d'une multitude de petites cafetières de cuivre rouge, car il faut faire bouillir une cafetière pour chacune de ces *fines-janes* grandes comme des coquetiers."

Gérard de Nerval, *Voyage en Orient,* 1851

L'APPARITION DU CAFÉ EN EUROPE

"J'ay veu un arbre dans le jardin de plaisance d'un Turc appelé Haly-Bey, lequel produit les graines communes qu'on appelle *bon* et *ban*, dont tous les Arabes et Egyptiens font un breuvage très commun, qu'ils boivent au lieu de vin et qu'ils vendent dans les tavernes publiques comme le vin parmi nous ; ils l'appellent *caova*.." C'est dans ces termes que le médecin italien Prosper Alpini révèla aux Européens l'existence de la plante et du breuvage dans son *Traité des plantes d'Egypte* (1592). *Caova, chua, cahüa, cahué, cavé, cahvé, kavé, caphé,* ...Incertitude et mystère. Jusqu'au milieu du XVIIe siècle, le café resta méconnu en Europe. Quelques rares voyageurs en avaient rapporté d'Orient pour leur usage personnel et l'avaient fait découvrir à leur cercle d'amis. Ce fut le cas de Pietro della Valle en Italie en 1615, de La Roque à Marseille vers 1644 et de Jean de Thévenot à Paris en 1647. Avant ce dernier, un Levantin avait créé, en 1643, sous le Petit-Châtelet, une boutique où il vendait à la fois le café en grains et la boisson préparée, sous le nom de *cahové*, ou *cahouet*. Ce commerce ne connut pas de succès. La boisson avait une saveur amère, détestable au goût de ceux qui "s'aventuraient" à la consommer. Et cette réaction de rejet n'était pas seulement française. L'anglais sir Thomas Herbert, de retour d'Orient, ne devait-il pas affirmer, en 1663 : "L'on peut dire que cette boisson a été tirée du lac de Styx, tant elle est noire, épaisse et amère."

La véritable introduction du café en France date de 1669, année où Mahomet IV nomma Soliman Aga Mustapha Raca ambassadeur de la Sublime-Porte près de Louis XIV. Avec lui, les turqueries devinrent à la mode. Entre autres coutumes auxquelles il restait fidèle malgré l'éloignement de son pays, il offrait du café à ses nobles visiteurs, avec tout le faste du rituel oriental. L'amertume du breuvage surprenant désagréablement ses convives, il y ajouta du sucre pour le leur rendre plus agréable au goût. Dès lors, le café fit fureur, à la cour et dans la haute société de l'époque. Car c'était un produit rare et donc fort onéreux ; le coût de la livre de café atteignit jusqu'à 80 francs. Mais le volume des importations par Marseille augmenta rapidement et le prix décrut considérablement, permettant à un public de plus en plus large d'en faire consommation.

C'est l'époque où les rues de la capitale résonnaient du cri du marchand de café, muni de tous les ustensiles nécessaires à la préparation du breuvage et qui le délivrait à domicile, moyennant deux sous la tasse, sucre compris. C'est l'époque aussi où apparurent les premiers débits fixes de café, endroits où on se prit à préférer ce breuvage au vin. "Au vin, qui, en troublant la raison, allume les passions brutales, succéda cette infusion salutaire qui échauffe le cerveau et stimule toutes les facultés intellectuelles. Cette petite révolution dans nos habitudes eut, on n'en saurait douter, une heureuse influence sur ceux-là mêmes qui faisaient ou dirigeaient l'opinion publique." (*Magasin Pittoresque*, 1883).

La confection de la boisson était certes bien artisanale. Jusqu'à 1685, année où fut inventé le brûloir, les grains de café étaient grillés dans une poêle, sur feu vif. Jusqu'à cette même date, qui vit aussi l'apparition du moulin, les grains étaient pilés. Le conditionnement de la mouture qui devait être conservée, se faisait dans des sacs de cuir, extérieurement graissés ou cirés, et hermétiquement ficelés. Quant à la préparation proprement dite, elle resta longtemps fidèle à la méthode turque. Pour réduire l'amertume, certains ajoutaient au café un peu d'essence d'ambre ou de sucre ambré. L'addition de lait donnait un *lait cafeté* (l'actuel café au lait) que l'on considérait alors comme un médicament, doté de maintes vertus.

Dans le reste de l'Europe, l'apparition du café fut pratiquement simultanée. Ainsi l'histoire veut qu'en 1683, les Turcs en fuite aient abandonné cinq cents sacs de café sous les murs de Vienne qu'ils avaient assiégée. Kolschitzki obtenut sans peine de récupérer ce "stock", que l'on pensait être de la nourriture pour chameaux. Au fait du breuvage et de sa confection à la turque, l'astucieux Polonais ouvrit le premier débit de café dans la capitale austro-hongroise, mais il ne connut le succès – et celui-ci fut alors fulgurant – qu'à partir du moment où il imagina de filtrer la préparation et de la sucrer. De là naquit la vogue du café viennois.

LES TROIS AGES DU CAFÉ

"Les trois âges du café sont ceux de la pensée moderne ; ils marquent les moments solennels du brillant *siècle de l'esprit*.

"Le café arabe la prépare, même avant 1700. Ces belles dames que vous voyez dans les modes de Bonnard humer leur petite tasse, elles y prennent l'arôme du très fin café d'Arabie. [...] Elles comparent l'ennui de Versailles à ces paradis d'Orient ;

"Bientôt (1710-1720) commence le règne du café indien, abondant, populaire, relativement à bon marché. Bourbon, notre île indienne, où le café est transplanté, a tout à coup un bonheur inouï.

"Ce café de terre volcanique fait l'explosion de la Régence et l'esprit nouveau, l'hilarité subite, la risée du vieux monde, les saillies dont il est criblé, ce torrent d'étincelles dont les vers légers de Voltaire, dont les *Lettres persanes* nous donnent une idée affaiblie. [...]

" La lave de Bourbon, pas plus que le sable arabique, ne suffisait à la production. Le Régent le sentit, et fit transporter le café dans les puissantes terres de nos Antilles. [...] Ce fort café, celui de Saint-Domingue, plein, *corsé*, nourrissant aussi bien qu'excitant, a nourri l'âge adulte du siècle, l'âge fort de l'Encyclopédie. Il fut bu par Buffon, Diderot, Rousseau, ajouta sa chaleur aux âmes chaleureuses, sa lumière à la vue perçante des prophètes assemblés dans "l'antre de Procope", qui virent au fond du noir breuvage le futur rayon de 89."

Jules Michelet, *Histoire de France*

LE CAFÉ A PARIS AU XIXe SIECLE

"[...] Qui est-ce, à Paris, qui ne prend pas son café ? Nous ne parlerons pas de celui qui est servi le matin, dans des porcelaines de Saxe ou du Japon, et qui sort bouillant d'une cafetière en argent ciselé ; ne parlons même pas encore de ces torrents qui coulent chaque jour dans les innombrables établissements où un garçon en veste, et la serviette sous le bras, sert le reste d'une cafetière en fer-blanc, avec les cinq ou six morceaux de sucre de rigueur, au célibataire de tout âge, qui met trois morceaux dans sa tasse et le reste dans sa poche ; nous ne dirons rien non plus de celui qui se boit à domicile, dans la loge de la portière. Mais comment passer sous silence celui qui s'absorbe sous les piliers des halles, celui qui se colporte sur le quai du Mail, sur le pont Saint-Michel, le long des éventaires de pommes à un sou le tas, et qui est offert par une Hébé sexagénaire ou un Ganymède contrefait, portant au choix, sur deux réchauds en tôle, d'une main du bouillon... et quel bouillon ! de l'autre du café... et quel café !" Un café mêlé de chicorée, qui finit par n'avoir du café que le nom... Ainsi Edmond Texier évoque-t-il les pittoresques marchands ambulants du XIXe siècle dans son *Tableau de Paris* (1852).

Coll. A.P.-R.

LE CAFÉ AUX HALLES, AU PETIT MATIN

"Bientôt les ouvriers s'arrachent de leurs grabats, prennent les instruments de leur profession, et vont aux ateliers.

"Le café au lait (qui le croirait ?) a pris faveur parmi ces hommes robustes.

"Au coin des rues, à la lueur d'une pâle lanterne, des femmes portant sur leur dos des fontaines de fer-blanc en servent dans des pots de terre pour *deux sous*. Le sucre n'y domine pas, mais enfin l'ouvrier trouve ce café au lait excellent. S'imaginerait-on que la communauté des limonadiers, déployant des statuts, a tout fait pour interdire ce trafic légitime ? Ils prétendaient vendre la même tasse *cinq sous* dans leurs boutiques de glaces. Mais ces ouvriers n'ont pas besoin de se mirer en prenant leur déjeuner.

"Au reste, l'usage du café au lait a prévalu, et si répandu parmi le peuple qu'il est devenu l'éternel déjeuner de tous les ouvriers en chambre. Ils ont trouvé plus d'économie, de ressources, de saveur dans cet aliment que dans tout autre. En conséquence, ils en boivent une prodigieuse quantité ; ils disent que cela les soutient le plus souvent jusqu'au soir. Ainsi ils ne font plus que deux repas, le grand déjeuner et la *persillade* du soir, dont j'ai parlé ailleurs."

Louis-Sébastien Mercier, *Le Tableau de Paris*, 1781-1788

L'AVENEMENT DU CAFÉ

A la différence du thé et du chocolat, le café n'était pas l'apanage des seules classes aisées. Certes, la cour vivait à l'heure du café. Les serres de Versailles abritaient une douzaine de caféiers, dont la production annuelle ne dépassait pas six livres. Louis XV aimait à préparer lui-même son café, après avoir fait sécher et torréfier les fruits. Quel courtisan n'a alors sans doute rêvé de boire le café confectionné de ces royales mains !

Mais le XVIIIe siècle devait connaître cet "avènement du café" auquel Jules Michelet alla jusquà attribuer l'explosion intellectuelle en partie génératrice de la Révolution. Autour de "la sobre liqueur, puissamment cérébrale, qui, tout au contraire des spiritueux, augmente la netteté et la lucidité", dans ces cafés, lieux de rencontre et de convivialité, que voient surgir les grandes villes du royaume, la "causerie" s'instaure, avec ce qu'elle comporte de sociabilité et de la spontanéité. Loin de l'éloquence et de la rhétorique, le café "supprime la vague et lourde poésie des fumées d'imagination" et, "du réel bien vu, fait jaillir l'étincelle, et l'éclair de la vérité." Il n'est d'artistes et de littérateurs qui ne résistèrent à l'attrait de ces nouveaux endroits nés autour d'un breuvage. A Paris, Voltaire fréquentait le Café Procope et Fontenelle, le Café Laurent. C'étaient là deux grands buveurs de café.

Hors ce cadre qui supplanta bientôt le traditionnel cabaret, le café s'achetait chez l'apothicaire, qui, lui-même, en préparait pour le servir à son comptoir. A ce commerce les couvents eux-mêmes prenaient part, nous dit encore Michelet. "Au parloir, la tourière, avec ses jeunes sœurs converses, au risque de propos légers, offre le café aux passants."

La Compagnie des Indes le vendait alors de 26 à 30 sols la livre. Les ventes allèrent crescendo à partir des années 1730. De 600 000 livres en 1732, puis 750 000 livres en 1734 à quelque 2 millions de livres dès le milieu du siècle. On fabriquait des tablettes, des dragées au café, des liqueurs de café... Le confiseur Ravoisier mit même au point un "tabac en poudre", ayant la couleur et l'odeur du café au lait et qu'il recommandait contre les maux de tête.

Partout en Europe, il était de règle d'aimer le café. Le roi de Prusse, Frédéric II en faisait grand usage. "Je n'en prends plus que sept à huit tasses le matin et une seule cafetière dans l'après midi.", avoua-t-il. Il eut même l'étrange idée de le préparer avec du vin de Champagne.

Enfin, c'est aussi au Siècle des Lumières que le café fit son entrée dans la gastronomie, à travers glaces et crèmes auxquelles il apporta son parfum.

Coll. A.P.-R.

LE CAFÉ AU QUOTIDIEN

Au cours du XIXe siècle, le café se démocratisa peu à peu, pour s'installer dans les habitudes. L'essor des plantations, dans les pays producteurs, explique largement ce phénomène. Après la population des villes, celle des campagnes le découvrit. Boisson des jours de fêtes, il fut ensuite associé à la détente du dimanche. Néanmoins, son coût élevé (5,50 francs le kilogramme en 1819, 3 francs en 1875) en limitait la consommation. Ce qui incita à lui mélanger de la chicorée, voire d'autres ingrédients moins acceptables (*v. p.70*).

A nouvelle époque, nouveaux adeptes. L'un des plus célèbres fut Napoléon. Il affirmait qu'un café fort le ressuscitait. S'il ne s'éternisait pas à table, le moment du café était incoercible et, lorsqu'il fut exilé à Longwood, il en conserva l'habitude. Comme en témoigne le comte de Las Cases dans *le Mémorial de Sainte Hélène* : "[...] nous n'étions pas dix minutes à table. On préparait le dessert dans la pièce voisine qui était le salon ; nous allions nous remettre à table, on y servait le café ; la conversation se prolongeait, on lisait quelques scènes de Molière, de Racine, de Voltaire [...]".

Quant aux cafés, ils connurent un développement considérable en Europe. Et si on y consommait bien d'autres boissons que le café, certains d'entre eux durent leur succès précisément à la qualité du café qui y était servi. Ainsi en fut-il du café Lemblin, fondé à Paris en 1805 ; le breuvage y était préparé par un certain Viante, un Italien qui avait fait son apprentissage avec le chef d'office du Vatican. Brillat-Savarin en était l'un des fidèles clients.

Dès le milieu du XIXe siècle, les domaines du thé et du café étaient bien délimités. Chaque boisson avait ses pays d'élection et là où l'on buvait beaucoup de thé, le café était relégué dans l'ombre. La France, au contraire, faisait une forte consommation de café, au détriment du thé. Les chiffres sont parlants : les importations françaises passèrent de 10 millions de kilogrammes, en 1832, à presque 31,5 millions, trente ans plus tard et à 70 millions en 1870 ! D'aucuns virent alors dans ce large usage du café l'explication suivante, d'ailleurs quelque peu contestable : "[...] il semble que nous cherchions à justifier, par cette large consommation de la boisson intellectuelle par excellence, cette sorte de suprématie de l'esprit que l'Europe nous accorde, [...]" (*Magasin Pittoresque*, septembre 1866). Il est vrai que sur les cafés règne l'esprit. Néanmoins, les chiffres attestent que le Français, avec une moyenne de moins d'une livre, était moins consommateur de café que l'Anglais, qui en consommait plus d'une livre et que l'Américain qui en buvait environ quatre livres, la consommation des Etats-Unis ayant doublé entre 1844 et 1902 !

Coll. A.P.-R.

LE CAFÉ RÉHABILITÉ

Calomnies et sarcasmes n'avaient ainsi pas réussi à freiner l'inexorable ascension du café. A ses débuts en Europe, l'Eglise s'était inquiétée de savoir si sa consommation ne présentait pas un danger de damnation et s'il ne constituait pas un aliment susceptible de rompre le jeûne. La controverse avait été moins vive que pour le chocolat et il avait bien fallu se rendre à l'évidence : aucune contre-indication religieuse ne pouvait intervenir à l'encontre de ce breuvage.

En revanche, sur le plan médical, la querelle fut longue et manqua souvent de mesure, au point d'attribuer au café une image peu en rapport avec la réalité objective. Il fallut attendre le XXe siècle pour que des recherches "sérieuses" rétablissent la vérité (*v. p. 92*).

A l'heure actuelle, les polémiques sont bien oubliées. Et le café fait partie du quotidien. Pour preuve, 85 % des Français en boivent au moins une tasse par jour. Un estimation qui semble stable, à l'inverse de celle des Etats-Unis, où la consommation est tombée presque de moitié entre 1962 et 1985, parallèlement à une expansion importante du décaféiné (de 4 à 17 %). Etrangement, les pays scandinaves viennent en tête des consommateurs de café.

UN PRECIEUX ARBUSTE

"Je ne scais pas si le caffé & le sucre
sont nécessaires au bonheur de l'Europe,
mais je scais bien que ces deux végétaux
ont fait le malheur de deux parties du monde.
On a dépeuplé l'Amérique afin d'avoir une terre pour les plantes ;
on dépeuple l'Afrique afin d'avoir une nation pour les cultiver."

Bernardin de Saint-Pierre, *Voyage à l'Isle de France, à l'Isle de Bourbon, au Cap de Bonne espérance,* 1773

Le réquisitoire de Bernardin de Saint-Pierre semble bien révolu à notre époque, où la culture du caféier concerne une soixantaine de pays du tiers-monde et où le café, premier produit agro-alimentaire d'exportation, occupe, suivant les années, du deuxième au quatrième rang, en valeur, au sein du commerce international. Le café, que l'écrivain connut à travers l'engouement que lui portait son siècle, joue aujourd'hui un véritable rôle économique et fait partie intégrante du patrimoine "culturel" de nombre de pays.

Bien qu'il existe une cinquantaine d'espèces de caféiers dans le monde, on en connaît essentiellement deux, qui font l'objet d'une culture suivie : l'*Arabica,* que l'on trouve dans 80 % des pays producteurs, et le *Canephora,* plus communément appelé *Robusta*.

Le caféier appartient à la même famille que le quinquina, celle des *Rubiacées.* Ses pays d'élection, tous situés dans l'hémisphère sud, à basse ou à moyenne altitude, présentent un climat humide, sans excès. La température qui lui convient est de 20 °C pour l'*Arabica* et de 17 à 22 °C pour le *Robusta*. Le sol doit être fertile et profond ; les terres volcaniques lui sont particulièrement favorables. Spontanément, l'arbuste peut atteindre jusqu'à 8 mètres de haut, mais les planteurs l'éciment à 5 mètres au plus, pour faciliter la récolte. Son feuillage est élégant, formé de feuilles ovales. Ses fleurs blanches, réunies en touffes de 30 à 40, sont très parfumées ; elles ne durent que l'espace d'un matin. Le caféier a pour caractéristique de porter, en même temps, des fleurs et des baies, ces dernières se présentant à divers degrés de maturité. Lorsqu'il est mûr, le fruit, ovoïde, est d'un beau rouge, de la taille d'une cerise. Il renferme, sous son enveloppe, une pulpe blanc jaunâtre, sucrée, dans laquelle se trouvent deux graines, accolées par leur face plane. Chacune des graines est entourée d'une double pellicule, une "pellicule argentée" et, par dessus, la "parche", jaune pâle. La floraison s'étalant sur toute l'année, la récolte suit ce rythme, bien que sa pleine période se situe entre mai et août.

Les deux premières années sont les plus délicates. Herbes et insectes sont ses pires ennemis. Les premières fleurs n'apparaissent qu'à partir de la troisième année. Néanmoins, l'arbuste n'atteint son plein rendement qu'au bout de cinq ans et produit alors environ 2,5 kg de baies par an, ce qui correspond à quelque 600 g de café vert par an, soit environ 500 g de café torréfié.

Photo C.F.C.

CUEILLETTE ET TRAITEMENT

Il existe deux types de récoltes. Soit les "cerises" sont cueillies au fil de leur maturité, une par une, soit elles sont récoltées d'un seul coup, qu'elles soient mûres ou non. Plus rapide, ce second procédé a pour inconvénient de fournir un café de qualité inférieure, dans la mesure où les grains provenant de cerises vertes dégagent un moindre arôme à la torréfaction.

Un fois cueillies, les cerises sont traitées suivant l'une des deux méthodes en vigueur.

La première méthode, dite "humide", n'est appliquée qu'aux cerises parfaitement mûres. Elle donne le "café en parche" ou "café lavé". Débarrassés d'une partie de leur pulpe au cours de leur passage dans une machine (*dépulpeur*), les fruits sont mis à fermenter, en tas, à l'abri du soleil, pendant quelques jours, puis lavés à l'eau courante, dans des bacs, de façon que la pulpe restante soit éliminée. Les grains, entourés de leur parche durcie, sont alors soigneusement séchés, à l'air libre ou dans des séchoirs.

La seconde méthode, dite "sèche" produit le "café en coque" ou "café non lavé". Les cerises sont débarrassées des impuretés par triage, puis lavage. Elles sont ensuite séchées au soleil pendant une quinzaine de jours, période au cours de laquelle elles sont brassées régulièrement. Elles durcissent ainsi, continuant d'enfermer les grains de café dans la pulpe séchée.

Quelle que soit la méthode, le café subit ensuite une opération de décorticage, afin d'être dégagé de la parche ou de la coque. Au sortir de la décortiqueuse, les grains de café ne possèdent plus que la pellicule argentée, qui disparaîtra avec la torréfaction. Un dernier tri vise enfin à éliminer les dernières impuretés et à classer les grains de café selon leur taille, leur forme et leur couleur.

Enfermé dans des sacs de 60 ou 70 kg, le café vert est stocké dans des magasins aérés... jusqu'au moment de prendre la mer à destination des pays consommateurs, notamment des grands ports européens (Rotterdam, Amsterdam, Hambourg, Le Havre, Marseille, Gênes, Trieste).

Photo Jobin C.F.C.

RÉVÉLATRICE DE L'ARÔME, LA TORRÉFACTION

"La décoction de café cru est une boisson insignifiante ; mais la carbonisation y développe un arôme, et y forme une huile qui caractérisent le café, tel que nous le prenons, et qui resteraient éternellement inconnus, sans l'intervention de la chaleur." Ainsi Brillat-Savarin explique-t-il, dans sa *Physiologie du Goût* (1825), la raison du traitement que subit le café vert. Traitement au cours duquel les grains de café sont chauffés progressivement, tout en étant brassés sans arrêt. Vers 100 °C, les grains jaunissent et une grande partie de leur eau s'évapore. Vers 150 °C, les grains, devenus brun clair, commencent à dégager l'arôme attendu. Vers 200 à 250 °C, les grains, qui ont pris une couleur brun acajou, ont perdu en poids, gagné en volume (de 50 à 70 %) et se sont parés d'un bel aspect ; la torréfaction est terminée. Au terme de ce processus, qui dure en moyenne 4 minutes, le café est refroidi, puis conditionné, tel (25 %) ou après avoir été moulu (75 %).

La torréfaction dépend de la variété du café et dure plus ou moins longtemps selon qu'il s'agit d'un *Arabica* ou d'un *Robusta*. Elle dépend également des goûts. Ainsi dans le nord de la France, on préfère le café torréfié foncé et, dans l'est, le café torréfié clair. Une bonne torréfaction se reconnaît au fait que les fèves ne sont pas saisies, l'extérieur étant de la même couleur que l'intérieur. Le grain ne doit ni suinter, ni briller.

LA TORREFACTION

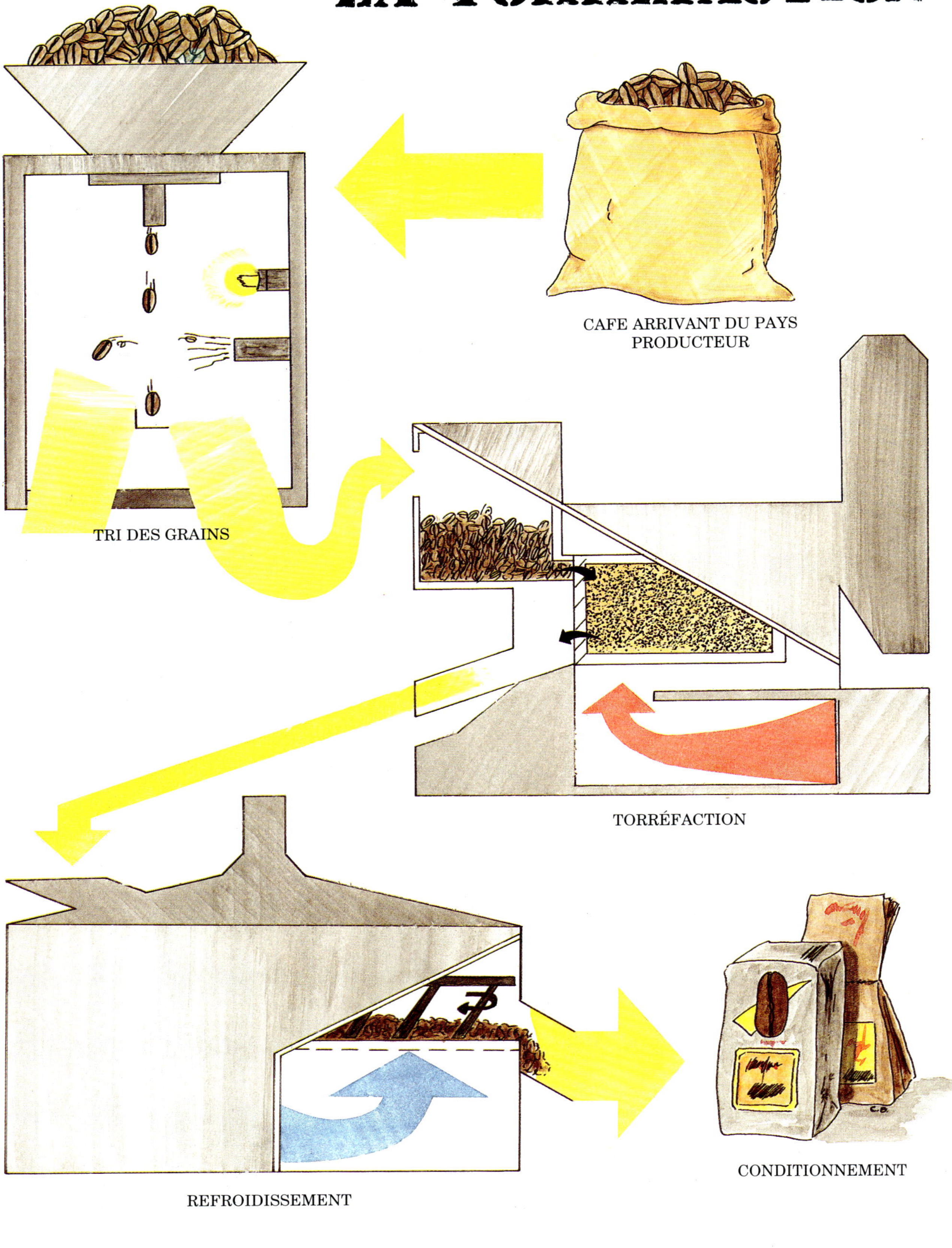

DE L'ORIENT A L'AFRIQUE

Photo Jobin C.F.C.

Jusqu'au XVIIIe siècle, le café provenait du Levant, notamment d'Alexandrie et du Caire. Mais, en raison des droits élevés imposés par le pacha d'Egypte, il fut envisagé de faire directement commerce avec l'Arabie par la mer Rouge. Les Hollandais parvinrent à importer du café directement par le port de Moka. Anglais et Français en firent bientôt de même. Mais la formule idéale eût été de posséder ses propres plantations. L'idée fit du chemin. Les essais de plantation de graines échouèrent, compte tenu de la fragilité du germe de café. Or, à cette époque, on risquait la mort si l'on sortait d'Arabie un plant de caféier... Ce furent les Hollandais qui, à l'instigation du bourgmestre d'Amsterdam et gouverneur des Indes Orientales, réussirent à dérober quelques pieds, qu'ils introduisirent dans leur colonie de Batavia (Djakarta). Ils s'attribuaient là un monopole, qu'ils préservèrent jalousement pendant plusieurs décennies ; de fait, risquait la mort qui s'avisait d'exporter des plants de cette colonie ! La première cargaison de café parvint aux Pays-Bas en 1637 et, dès 1660, le commerce hollandais de café était florissant.

A la fin de ce même siècle, quelques arbustes, importés de Batavia, furent cultivés au jardin botanique de Leyde. De graines en arbustes, l'un de ces pieds, dont les Hollandais tenaient pourtant à l'exclusivité, fut paradoxalement offert, en 1714, à Louis XIV et trouva aussitôt place au Jardin du roi. Curieux destin que celui de ce plant, qui s'acclimata fort bien et qui allait être à l'origine de toutes les plantations des colonies françaises...

La première tentative d'introduire un plant en Martinique échoua. Michel Isamberg, qui fut chargé en 1716 de le transporter, mourut avant d'atteindre l'île et le caféier fut perdu. Enfin, en 1723, Antoine-Laurent de Jussieu, professeur de botanique au Jardin du roi, confia trois pieds au capitaine Gabriel Mathieu de Clieu pour la même mission. Le périple vers la Martinique fut des plus tumultueux. Sur le bateau, deux pieds périrent, le manque d'eau douce obligea le voyageur à partager sa ration journalière avec le troisième caféier, puis, à son arrivée sur l'île, plusieurs tentatives de vol se produisirent, auxquelles il dut faire face. Enfin, le caféier "prit racine"... au point de générer, en quelques années, de nombreuses *caféières* (plantations de caféiers) sur ce sol et de gagner les autres colonies françaises des Antilles. Dans le premier quart du XVIIIe siècle, Saint-Domingue produisait quelque 50 millions de livres de café, la Martinique environ 10 millions et la Guadeloupe presque 7 millions, la livre coûtant de 10 à 12 sous. Mais la perte des colonies et le blocus continental allaient faire passer ce prix à 5 ou 6 francs.

C'est un lieutenant du roi, La Motte-Aigron, qui introduisit cette culture en Guyane française, à partir de fèves hollandaises récupérées au Surinam. De Guyane, le caféier fut introduit au Brésil en 1727. L'histoire des grandes propriétés (*fazendas*), que cette nouvelle culture vit se multiplier, allait être étroitement liée à celle de l'esclavage. Comme dans les autres pays tropicaux, les plantations recrutèrent leur main-d'œuvre parmi les esclaves. Autour de l'univers du café devait s'organiser l'un des principaux secteurs de l'économie brésilienne. C'est au XVIIIe siècle aussi que l'île Bourbon (île de

La Réunion) se mit à cultiver le caféier – on comptait presque 8,5 millions de pieds en 1776 – et que l'île de France (île Maurice) fit de même à partir des années 1760.

Au siècle suivant, le café était entré dans les mœurs. Il provenait principalement du Brésil (la production de ce pays passa, entre 1834 et 1871, de presque 48 000 tonnes à plus de 229 000 tonnes, soit un peu plus de la production mondiale), de Haïti et d'Inde. Mais à la fin du XIXe, la découverte des caféiers dans le centre de l'Afrique fut en quelque sorte une révolution. Jusque-là, le *Coffea Arabica* était la seule espèce exploitée et commercialisée. Les ravages de la rouille dont il était victime n'étaient pas sans inquiéter. Or, parmi les arbustes africains, le *Coffea Canephora,* résistant à la maladie, vint ouvrir de nouvelles perspectives. Sans vouloir rivaliser en importance de production ni en finesse de goût avec l'*Arabica*, il apporta une contribution non négligeable à une économie caféière vacillante.

"Jamais ma ferme n'a connu l'opulence, mais la culture du café est une culture à laquelle on ne renonce pas, elle vous tient constamment en haleine. Dans un champ de café il y a toujours quelque chose à faire, des travaux que l'on commence toujours trop tard. Au milieu de la brousse la vue d'un terrain bien délimité, avec des plantations régulières, fait plaisir. Au bout de quelque temps d'Afrique, j'avais appris à reconnaître ma ferme rien qu'à l'odeur et j'étais toujours émerveillée par la belle ordonnance de mes plantations, d'un vert si frais au milieu de la plaine grise ; je sentais à quel point les figures géométriques répondent à un besoin de l'esprit. Toute la région qui s'étend autour de Nairobi, au Nord surtout, est plantée de café et peuplée de gens qui ne pensent qu'au café : au café qu'il faut planter, tailler, récolter, au café dont on rêve la nuit, toujours préoccupé d'améliorations à apporter à une culture délicate. [...]"

Karen Blixen, *La Ferme Africaine,* 1937

PRODUCTEURS ET CONSOMMATEURS

Au cours du XXe siècle, le marché du café a traversé bien des turbulences dues au fait que le rythme de croissance de la consommation ne suivit pas celui de la production. En découla une longue période de surproduction à partir des années 1930, qui obligea le Brésil, par exemple, à détruire 4 800 000 tonnes de café. Cela suscita de la part des pays concernés des tentatives pour stabiliser ce marché, dont l'équilibre demeure précaire. En 1976, un accord international fut conclu à cette fin.

Aujourd'hui, les deux premiers producteurs sont le Brésil et la Colombie. Derrière eux, les pays africains (Côte-d'Ivoire, Ethiopie, Ouganda, Cameroun, principalement), les autres producteurs latino-américains (Mexique, Guatémala, Salvador, Costa Rica notamment) ainsi que, en Asie, l'Indonésie et l'Inde, se partagent le marché. L'économie de certains pays repose, pour un tiers, voire plus de 50 % et même au-delà, sur la caféiculture. Mais curieusement, les pays producteurs sont peu consommateurs de café. Les deux tiers de la production sont exportés vers l'Europe et les Etats-Unis. Longtemps de loin les plus importantes, les importations américaines ont baissé, du fait d'une régression de la consommation, et ce face à une consommation croissante dans les pays européens. Il est intéressant de noter que la consommation annuelle *per capita* est de 5 kg pour la France – comme pour les Etats-Unis –, de 4 kg pour l'Italie, de 2,5 kg pour le Royaume-Uni, et que les plus gros consommateurs sont l'Allemagne (7 kg), la Belgique (9 kg) et, enfin, les pays scandinaves (11 à 12 kg pour le Danemark ; quelque 13 kg pour les autres). A elle seule, l'Europe absorbe environ un tiers des importations mondiales de café.

"Lorsque madame de La Tour fut relevée de ses couches, ces deux petites habitations commencèrent à être de quelque rapport, à l'aide des soins que j'y donnais de temps en temps, mais surtout par les travaux assidus de leurs esclaves. Celui de Marguerite, appelé Domingue, était un noir iolof, encore robuste, quoique déjà sur l'âge. Il avait de l'expérience et un bon sens naturel. Il cultivait indifféremment sur les deux habitations les terrains qui lui semblaient les plus fertiles, et il y mettait les semences qui leur convenaient le mieux. [...] Il plantait dans les lieux secs des patates, qui y viennent très-sucrées, des cotonniers sur les hauteurs, des cannes à sucre dans les terres fortes, des pieds de café sur les collines, où le grain est petit, mais excellent ; [...]".

Bernardin de Saint-Pierre, *Paul et Virginie*, 1787

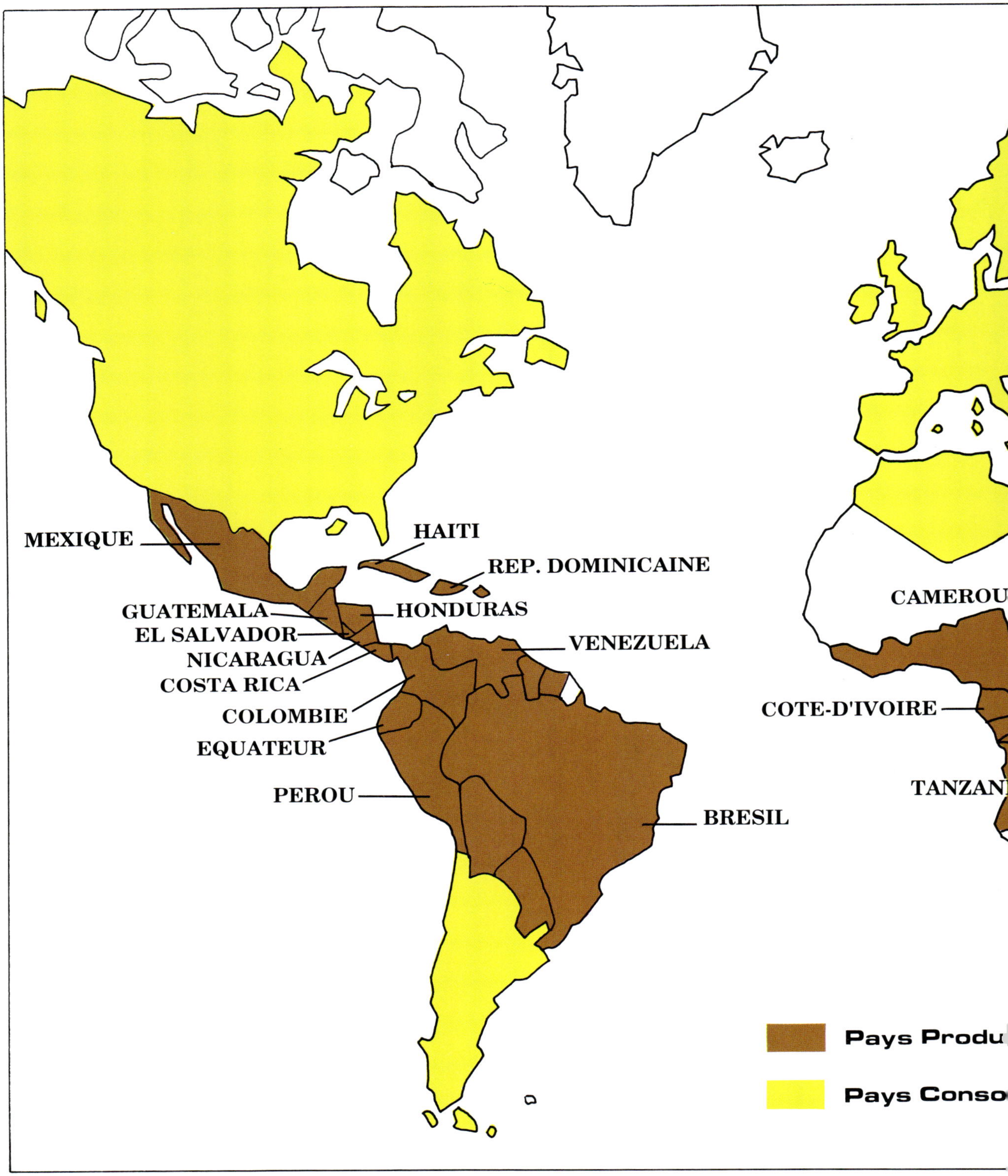

PAYS PRODUCTEURS E

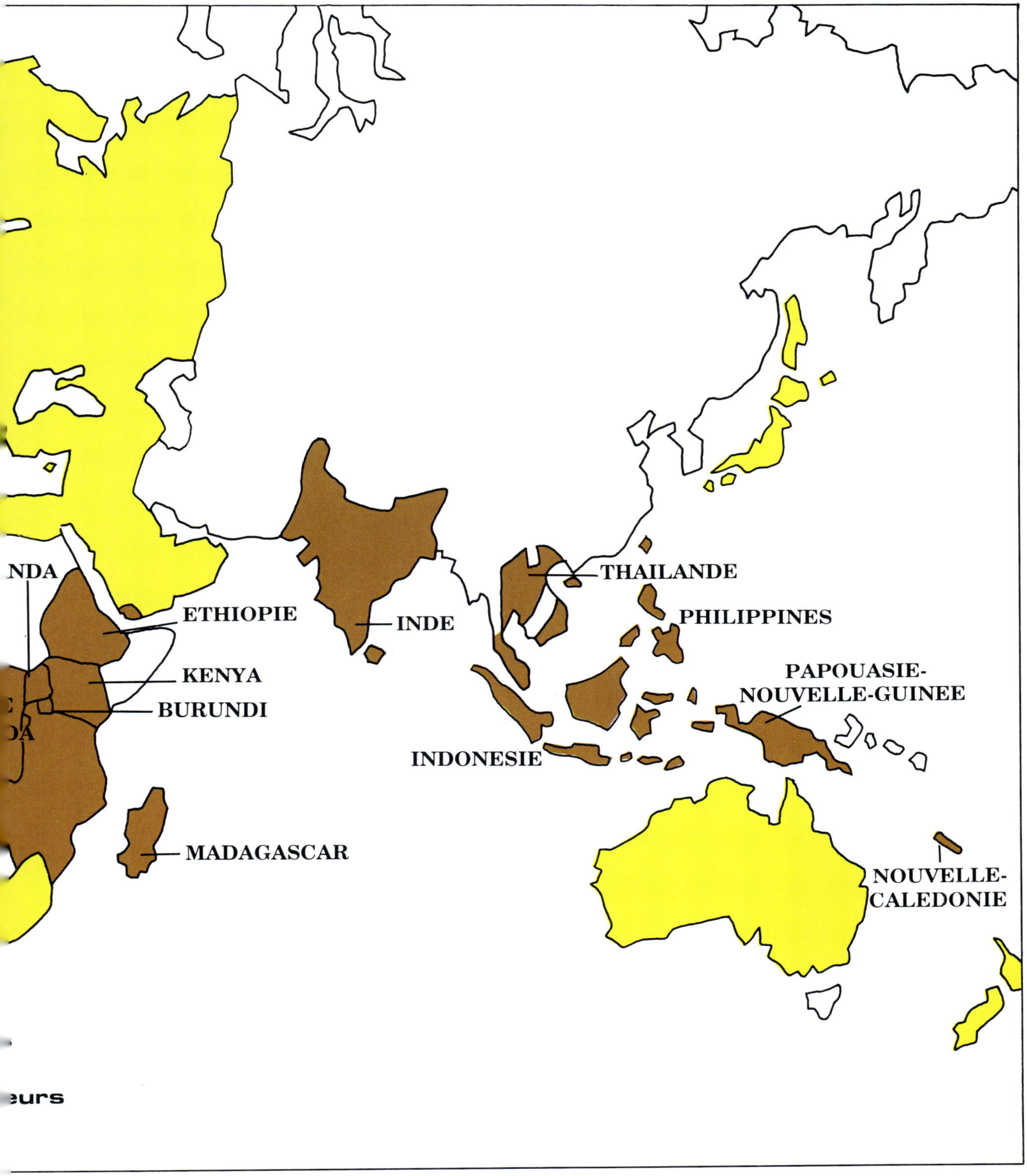

D'après documentation du Comité Français du Café.

PAYS CONSOMMATEURS

LES SECRETS DU CAFE

"Ayant dit ces mots, il fit entrer les étrangers dans sa maison ; ses deux filles et ses deux fils leur présentèrent plusieurs sortes de sorbets qu'ils faisaient eux-mêmes, du kaïmak piqué d'écorces de cédrat confit, des oranges, des citrons, des limons, des ananas, des pistaches, du café de Moka qui n'était point mêlé avec le mauvais café de Batavia et des îles."

Voltaire, *Candide ou L'Optimisme*, 1759

Il en est du café comme du vin. Selon la terre d'origine, les conditions climatiques et la nature du sol, ainsi que selon les soins apportés aux plantations, à la récolte et à la préparation des grains, le café produit présentera telle ou telle caractéristique, de saveur comme d'arôme, et sera de plus ou moins grande qualité. La notion de "cru" est donc bien réelle et doit être prise en compte par l'amateur de café. Autrefois, les types étaient peu nombreux ; les plus usuels étaient, notamment, le Moka, le Bourbon, le Martinique et le Java. Mais la géographie du café a évolué avec le temps. Ainsi, aujourd'hui, ne cultive-t-on que peu le caféier en Martinique et en Guadeloupe. En revanche, il existe d'innombrables sortes de cafés. Pour exemple, le Costa-Rica, à lui seul, en compte quelque vingt-sept. Une large gamme donc, dans laquelle il convient de savoir discerner les qualités des grains de diverses provenances.

ARABICA ET ROBUSTA

Il faut distinguer deux principales variétés de caféiers, à partir desquelles divergent les crus, en fonction des spécificités des plantations. Ce sont :

– l'***Arabica***, originaire d'Ethiopie. C'est la variété la plus fragile. On la trouve dans les zones d'altitude, entre 600 et 2000 mètres. Les terres volcaniques lui donnent un goût âcre et les hauts plateaux de l'amertume. Sa fève est longue et relativement plate. La finesse de son arôme et la subtilité de sa saveur se révèlent pleinement au terme d'une courte torréfaction, qui lui confère une couleur blond caramel. L'*Arabica* donne des cafés de qualité supérieure, qui, du fait de leur faible teneur en caféine, conviennent à tous le moments de la journée.

Les Arabicas représentent 75 % de la production mondiale et constituent le haut de gamme en matière de cafés. Les plus réputés sont, notamment, le Tres Marias du Guatémala, le Miralinda du Costa Rica et les Tachira du Vénézuela. Quant aux Moka d'Ethiopie, devenus rares et, de ce fait, fort onéreux, ils présentent un parfum très spécial et un arôme exceptionnel.

– Le ***Robusta*** a remplacé l'Arabica en Afrique. C'est une variété résistante, comme son nom l'indique. On la trouve en plaine et jusqu'à 600 mètres d'altitude. Son grain est rond et renflé. Il n'y a qu'un grain par fruit. Le *Robusta* ne présente pas une grande finesse ; il est corsé, un peu âcre et amer. Une torréfaction poussée est requise pour réduire un peu son amertume ; il y gagne une couleur acajou. En raison de sa forte teneur en caféine, on l'utilise de préférence pour un petit déjeuner tonique. Les Italiens, qui aiment les cafés charpentés, en font une forte consommation.

Ses terres d'élection sont l'Afrique (Cameroun, Togo, Côte-d'Ivoire, Ouganda, Zaïre, Tanzanie) et l'Indonésie, mais le Brésil en pratique aussi la culture.

Les *Robustas* ont, jusque dans les années 1950, composé la majorité des cafés proposés en France, en raison des colonies d'Afrique.

CHOISIR SON CAFÉ

ORIGINE	SPECIFICITES	REMARQUES
LES ARABICAS		
AMERIQUE CENTRALE	*Aromatiques, acidulés*	*Plus la plantation est en altitude, plus le café est acide.*
Costa Rica	Parfum doux, acidulé	Café de grande classe, qui améliore les assemblages.
Guatémala	Parfum de fleur, acidulé	Un des meilleurs cafés latino-américains. Plus acide que le café du Costa Rica
Salvador	Parfum suave, acide	Peut surprendre par sa saveur acide accusée.
Mexique	Doux, aromatique, acidulé	Grosseur exceptionnelle des fèves. Les crus varient suivant l'altitude.
Nicaragua	Doux, moins acidulé que les précédents.	Faible teneur en caféine.
AMERIQUE DU SUD		
Brésil	Doux, légèrement parfumé	Premier producteur d'Arabicas. Le meilleur : Bourbon. Très bons : les Sul de Minas. Parfaits pour la conservation : Bahia lavé et Pernambuco. Eviter : le Rio, au goût iodé, et les Minas, parfois "duratres". Les cafés brésiliens constituent une bonne base pour un assemblage.
Bolivie	Corsé	Café irrégulier.
Colombie	Doux, d'une saveur et d'un arôme subtils	S'apparente aux cafés d'Amérique Centrale. Il se consomme, de préférence, avec un peu de lait ou de crème. Les grands crus : Medellin, Armenia, Manizales.
Vénézuela	Doux, aromatique	Café rare.
Equateur, Pérou	Très corsé	Souvent médiocre.
CARAÏBES		
Cuba	• nature : corsé • lavé : acidulé	
Haïti	Corsé, légèrement parfumé	Cafés moins fins que ceux de Saint-Domingue.
Jamaïque	Doux, aromatique	Excellent : le Blue Mountain, rare et cher.
Saint-Domingue	Aromatique.	Les meilleurs : les Barahonas. Lavés, ils sont très fins, moins acides et ont plus de rondeur que les cafés d'Amérique Centrale.

AFRIQUE	*Les cafés non lavés sont moins fins que les cafés lavés, qui s'apparentent aux cafés d'Amérique Centrale.*	
Moka d'Ethiopie	Aromatique, très fruité, légèrement acidulé	Leur parfum est très particulier et mérite qu'on les déguste purs. Le Harrar nature est de grande classe. Le Djimah a un goût boucané. Le Sidamo est un des meilleurs cafés du monde : parfum suave, faible teneur en caféine.
Kenya	D'un parfum exceptionnel évoquant les fruits rouges, plutôt acide	C'est un grand café, très apprécié des connaisseurs, qui apporte corps et finesse au mélange.
Tanzanie	Aromatique, acidulé.	
ASIE		
Inde	Légèrement parfumé, peu acide, corsé	Les meilleurs : Coorg, Mysore lavé.
Indonésie	Corsé.	Cafés irréguliers, devenus rares.
OCEANIE		
Nouvelle-Calédonie	Bonne qualité	Rare.
Hawaï	Haute qualité.	Rare.
LES ROBUSTAS		
AMERIQUE CENTRALE ET AMERIQUE DU SUD		*Quelques pays produisent des Robustas, notamment le Brésil (Conilons, par ex.). L'essentiel de la production est constitué par les Arabicas*
AFRIQUE	*Une énorme production. De nombreuses variétés, qui s'apparentent par leur goût un peu âcre.*	*Rechercher pour un assemblage les Robustas les plus neutres afin de ne pas masquer les qualités des autres composants du mélange. Le café de Côte-d'Ivoire est le plus utilisé en France. Parmi les plus courants : Cameroun, Congo, Zaïre, Guinée, Ouganda. L'un des meilleurs : celui d'Angola, au goût chocolaté, mais devenu rare. Un café très neutre : Centre Afrique. Un café de caractère très marqué : Madagascar.*
ASIE : INDONESIE	*On trouve des Robustas lavés et dépelliculés de bonne qualité. Eviter les Robustas non lavés, très médiocres.*	
OCEANIE : NOUVELLE CALEDONIE	*Bonne qualité.*	*Cafés rares.*

D'après documentation du Comité Français du Café.

L'HARMONIE DE L'ASSEMBLAGE

Plusieurs critères interviennent dans l'appréciation du corps (ou de la *rondeur*) d'un café : sa force, sa saveur (acidité, fruité) et son arôme. Rares sont les cafés qui peuvent prétendre réunir harmonieusement ces trois facteurs, hormis les célèbres Moka, Brésil et Colombie, qui, de ce fait, sont souvent commercialisés purs. En général, il faut procéder à un mélange (*assemblage*) pour parvenir à un produit de qualité. Qu'il se compose uniquement d'Arabicas, uniquement de Robustas ou d'une association des deux, un dosage bien équilibré débouche sur un produit harmonieux. Et c'est là que réside le secret des torréfacteurs spécialistes. Car l'amateur, fût-il éclairé, ne peut percevoir toute la complexité des principes aromatiques d'un café. N'a-t-on pas isolé quelque quatre-vingt substances dans ce seul arôme !

Outre les spécificités des différents crus d'Arabicas qu'il est essentiel de connaître pour réaliser le mélange, il faut avoir à l'esprit que :

- un bon café doit être légèrement "acidulé", à peine piquant, et qu'à cette saveur participent les crus d'altitude ;
- dans un assemblage, la part d'Arabica doit être plus grande que celle du Robusta ;
- suivant l'heure de la journée, le café devra être corsé (petit déjeuner), plutôt doux (matinée, après-midi), acidulé et un peu corsé (après-déjeuner) ou léger (soir).

UN CAFÉ LOYAL ET MARCHAND

Jusqu'à la seconde moitié du XIXe siècle, le café ne fit l'objet d'aucun règlement. Aussi, en l'absence de tout contrôle, subit-il les pires altérations et se prêta-il à faire des fraudes grossières, qui pouvaient être préjudiciables pour la santé (*v. p. 70*). Sans compter la mise en vente de graines conservées dans des conditions déplorables, humides, voire moisies, ou mal torréfiées, les mélanges les plus insolites étaient effectués.

Ajourd'hui, il est protégé par une règlementation des plus rigoureuses, dont les principaux termes sont les suivants :

– le **café vert** (ou *café brut*) est constitué des fèves, saines et entières, issues des fruits des espèces cultivées du genre *Coffea*, débarrassées de leur parche et, du moins partiellement, de la pellicule argentée. Parmi les espèces cultivées concernées : *Coffea arabica* (Arabica), *Coffea canephora* (Robusta et Kouillou), *Coffea liberica* (Libéria), *Coffea Dewevrei, var. excelsa* (Exelsa), *Coffea abeokuae* (Indenié).

Le café vert doit être constitué de fèves d'une seule espèce botanique. Il ne doit avoir subi aucun retranchement de ses principes constituants, n'avoir subi ni altération ni contamination et ne dégager ni mauvaise odeur ni odeur étrangère. Il ne doit pas contenir plus de 0,5 % de pierres ou autres matières étrangères. Sa teneur en eau ne doit pas dépasser 12,5 %.

La tolérance en fèves défectueuses pour un échantillon de 300 g, est de :

- 5 défauts en fèves noires ;
- 5 défauts en fèves en cerise ;
- 15 défauts en brisures ;
- 15 défauts en fèves piquées ou scolytées.

– Le **café torréfié** est le produit résultant de la torréfaction du café vert et n'ayant subi aucun retranchement de ses principes constituants. La dénomination "café torréfié" couvre, elle-même, deux catégories de cafés :

• le *café courant :* il ne doit présenter ni mauvaise odeur ni mauvais goût. Il ne doit pas contenir plus de 0,2 % de pierres ou autres matières étrangères. Sa teneur en eau ne doit pas dépasser 5 %. La tolérance en fèves torréfiées défectueuses est, en poids, de 8 % au plus. Enfin, il ne doit pas contenir plus de 2 % de matières d'enrobage.

• le *café supérieur :* vendu en emballage étanche, il doit être totalement débarrassé des pierres ou autres matières matières étrangères. Sa teneur en eau ne doit pas dépasser 3 %. La tolérance en fèves torréfiées défectueuses est, en poids, de 1 % au plus, les fèves en cerise étant prohibées. Enfin, il ne doit pas contenir plus de 1% de matières d'enrobage.

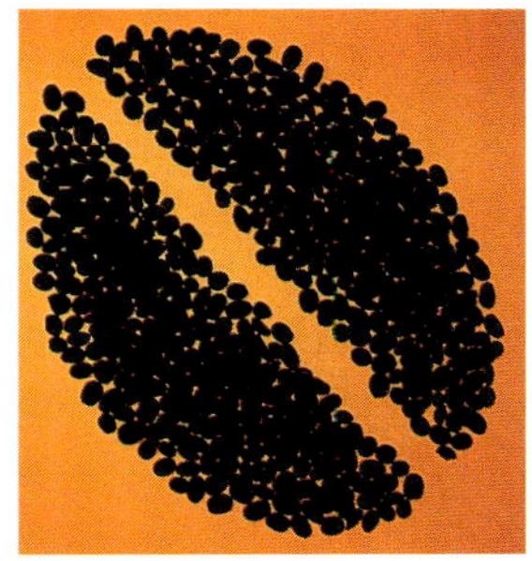

Il faut noter qu'est considéré comme "café supérieur" tout café auquel on a attribué l'une des mentions suivantes : "supérieur", "choix", "prima", "sélection", "luxe", "extra", "première qualité". De plus, certaines mentions de supériorité, concernant les qualités organoleptiques du café, ne signifient pas que le café est "supérieur". C'est le cas des qualificatifs du type "bon mélange" "fin", "arôme exquis" ou "goût corsé".

Quant au **café moulu**, il s'agit du produit obtenu par mouture du café torréfié et emballé, dès la mouture, dans un conditionnement étanche. Sa teneur en eau ne doit pas dépasser 5 %. Aucune mention de supériorité n'est autorisée.

EN TERMES DE DÉFAUTS ...

La réglementation prend ainsi en compte un certain nombre de défauts dont les fèves peuvent être affectées. Notre propos n'est pas de recenser toutes ces défectuosités touchant aux caractères morphologiques et organoleptiques des fèves. Néanmoins, si le consommateur souhaite mieux comprendre les contraintes imposées aux dénominations officielles, il doit savoir que :

– une *fève en cerise* est un fruit desséché possédant tout ou partie de ses enveloppes externes, avec sa ou ses graines ;

– une *fève en parche* est enveloppée de sa parche, complètement ou partiellement ;

– une *fève noire* présente un aspect charbonneux, terne et granuleux ;

– une *fève piquée* ou *scolytée* est une fève attaquée par des insectes ;

– une *brisure* est une partie de fève plus petite qu'une demi-fève.

Le calcul des défauts se fait suivant un barème établi, une fève défectueuse pouvant correspondre à un ou deux défauts suivant la nature de l'altération. Ce qui rend complexe l'examen des fèves en vue de la conformité du café à l'appellation légale

LE "MIRACLE" DU CAFÉ SOLUBLE

Certes, il ne saurait rivaliser avec le café torréfié quant à la délicatesse de la saveur et la finesse de l'arôme. Mais, depuis son apparition dans les années 1930, sa fabrication a grandement évolué et les différences tendent à s'estomper. La sélection des crus et la subtilité de l'assemblage interviennent de la même manière. Et pour détromper une "rumeur" qui a longtemps plané sur lui : le café soluble ne comporte ni additif, ni autre composant que du café ; l'ajout de sucres pratiqué jusque vers 1954 n'a plus cours. De plus, sa grande qualité est d'être extrêmement pratique. Il suffit de l'arroser d'eau chaude pour le transformer en café prêt à être bu. Une commodité qui explique son succès... Il représente, en effet, aujourd'hui presque 40 % de la consommation mondiale de café, ses plus gros consommateurs étant les Etats-Unis, la Grande-Bretagne, le Japon et la France.

"Café soluble" ou "café instantané", les dénominations légales l'assimilent aux extraits de café, dont la teneur en matière sèche provenant du café doit être égale ou supérieure en poids à 96 %. Il est obtenu à partir d'un café très concentré, vaporisé du haut d'une tour, dans un courant d'air très chaud ; les particules, ainsi dispersées et asséchées par la chaleur, deviennent une poudre qui est recueillie à la base de l'atomiseur. Un autre procédé, la lyophilisation, consiste à traiter le café liquide, très concentré, par congélation, à le réduire ensuite en paillettes, puis à en éliminer l'eau par sublimation ; le produit qui en résulte, sous forme de granulés, a pour avantage de mieux garder au café ses principes aromatiques.

Quelle que soit la méthode de fabrication, le café soluble demande certains égards pour pouvoir donner le meilleur de lui-même. En premier lieu, il est essentiel de veiller à sa bonne conservation. Un bocal, hermétiquement bouché, fera l'affaire. Il sera de plus ou moins grande taille suivant la consommation, car, conservé trop longtemps, ce café perd goût et arôme. En outre, attention à ne pas utiliser une cuillère humide pour prélever la dose dont vous avez besoin ! Le café doit rester bien sec, sous peine de se détériorer. C'est pour cette raison que le bocal sera, lui-même, entreposé en un lieu sec.

En ce qui concerne la préparation du café, elle ne doit pas être hâtive, sous prétexte qu'il s'agit d'un produit "instantané". Il est donc conseillé de délayer le café dans un peu d'eau, froide ou tiède, dans une cafetière, puis de verser dessus de l'eau frémissante – et non bouillie – et, enfin, de laisser reposer, à couvert, pendant quelques minutes avant de servir.

Vous serez étonné de l'arôme de ce breuvage, qui n'aura pas ce désagréable goût de caramel que trop souvent on lui confère en arrosant, sans ambages, la poudre d'eau très chaude. Et si vous souhaitez obtenir un café mousseux, à l'italienne, rien de plus simple : mettez le café et le sucre dans chaque tasse, délayez bien avec un peu d'eau froide et couvrez d'eau bouillante. Le résultat sera excellent.

Une précision : il faut compter, pour une tasse classique (10 cl), 1 cuillerée à café de café soluble, plus ou moins pleine selon le goût de chacun.

UNE INVENTION DU XIXe SIECLE : LES CARTOUCHES DE CAFÉ

Du café le XIXe siècle oublia souvent les méfaits pour n'en garder que la propriété tonique et le caractère économique, lui permettant de lutter contre l'alcoolisme du temps. On tenta même de privilégier cette boisson pour enrayer les ravages des "liqueurs fortes". Il convenait, pour cela, que sa préparation fût facilitée et que chacun pût en boire à toute heure du jour. C'est alors que germa l'idée de fabriquer des "cartouches de café". Le procédé était simple. Comme l'explique un article du *Magasin Pittoresque* en date d'avril 1874 : "Le café, une fois torréfié, est soumis à l'action d'une meule verticale très puissante tournant avec lenteur pour éviter l'élévation de la température. La graine est de cette façon réduite en farine impalpable. Cette farine, légèrement humectée et additionnée de deux fois son poids de poudre de marc, est placée sous une presse qui donne au mélange une consistance solide et la forme d'une tablette de chocolat.

"On porte cette plaque à l'étuve pour lui enlever le peu d'humidité qui lui reste, puis on l'entoure d'une feuille métallique pour éviter sa détérioration. Chaque plaque se compose de cinq tablettes correspondant chacune à une ration (10 gr. café, 20 gr. sucre). Une tablette, jetée dans de l'eau chaude, s'y délite facilement ; on remue, et l'on a du café qui ne le cède en rien au café consommé journellement". Et pour ceux qui n'appréciaient pas la présence de poudre, il suffisait de filtrer avant consommation.

Toutefois, la commodité que présentait cette formule, de surcroît peu coûteuse, ne semble pas avoir suscité grand intérêt et l'invention ne connut pas d'applications concluantes. Sans doute le plaisir qu'apporte la dégustation du café est-il indissociable de la "cérémonie" de sa préparation...

DES GOUTS DE MONSIEUR GAMBETTA

"Comme Gambetta, alors devenu célèbre, dînait un soir chez le ministre des Beaux-Arts, Maurice Richard, en compagnie de son inséparable ami Spuller, le brillant chroniqueur du *Journal de Paris,* Mme Maurice Richard s'approcha du tribun et lui tendant une tasse et une soucoupe :

– Un peu de café, Monsieur Gambetta ?

– J'accepte tout de même, Madame, mais j'aurais préféré un maza !

Dans le cours de la soirée, Mme Maurice Richard, intriguée de la boutade du grand homme, parvint à joindre Spuller et lui demanda tout bas :

– Qu'est-ce que c'est un maza ?

– Souvenir du *Procope*, Madame, un maza, c'est du café dans un bock !

– Pourquoi, dans un bock ?

– Parce que, dans un bock, on en a beaucoup plus et que ça coûte le même prix."

Georges de Wissant, *Cafés et Cabarets*, 1928

UN CAFÉ SANS CAFÉINE

C'est en 1820 que Friedlieb Ferdinand Runge isola, parmi les composants du café, un alcaloïde que l'on retrouve dans le thé et la kola, la *caféine*. La teneur des arabicas en caféine est d'environ 12 g par kg et celle des robustas de 20 à 30 g. En raison du rôle nocif que ce constituant peut jouer sur le système nerveux ou le cœur lorsque le consommateur de café connaît déjà des problèmes dans l'un ou ou l'autre domaine, on chercha très tôt à extraire la caféine des grains de café, pour rendre celui-ci plus salubre. Ces recherches devaient aboutir à la mise au point d'un "café décaféiné", au cours du premier quart du XXe siècle.

Pour ceux auxquels le café est médicalement prohibé, le "décaféiné" est désormais une solution de remplacement qui, pour n'être pas des plus satisfaisantes, donne néanmoins l'illusion de ne pas être complètement frustré de cette boisson. Il s'agit d'un café dont la caféine a été extraite et dont l'arôme n'a pas été altéré. La dénomination "café décaféiné" est, de fait, réservée au produit résultant soit de l'élimination de la caféine du café torréfié, soit de la torréfaction du café vert décaféiné, et ne contenant pas plus de 0,1 % en poids de caféine anhydre par rapport au produit supposé sec. Il est à noter que, bien que d'assez bonne qualité, ce produit est encore très controversé et que certains nutritionnistes émettent des réserves à son endroit, affirmant qu'un café très léger lui est préférable.

Il ne faudrait pas confondre ce type de café avec le café dit "allégé" qui est, quant à lui, un café torréfié dont les cires de surface ont été éliminées par des solvants, sans action chimique sur le café, en sachant que la dose résiduelle ne doit pas dépasser 5 mg par kg.

LA MORT PAR LE CAFÉ

On peut lire dans les *Mémoires* du Prince de Ligne : "J'ai entendu dire à un médecin, homme d'esprit, que l'on voulut s'aviser, dans je ne sais plus quel pays du nord, de la violence relative de ces deux poisons, le thé et le café, et que l'on imagina d'en donner trois fois par jour à deux criminels à qui l'on fit grâce de la vie pour les soumettre à cette terrible expérience. Le résultat fut que celui qui prenait du thé mourut à 77 ans et l'autre à 80 !"

Curieusement, une histoire analogue est évoquée par Balzac dans sa *Pathologie de la vie sociale*. Peut-être la même "aventure" revue et corrigée par l'écrivain... Le cadre est l'Angleterre. Plutôt que d'être pendus, trois condamnés à mort acceptent de se prêter à l'expérience qui leur est proposée : "vivre exclusivement, l'un de thé, l'autre de café, l'autre de chocolat, sans y joindre aucun autre aliment de quelque nature que ce fût, ni de boire d'autres liquides." Et le résulat est surprenant :

"L'homme qui a vécu de chocolat est mort après 8 mois.
L'homme qui a vécu de café a duré 2 ans.
L'homme qui a vécu de thé n'a succombé qu'après 3 ans."

LE RITUEL DU CAFE

"Un gourmand vraiment digne de ce nom,
si souvent usurpé, se fait distinguer,
en se mettant à table et lorsqu'il en sort,
parce qu'il mange toujours sa soupe bouillante
et prend son café brûlant."

Grimod de la Reynière, *Almanach des Gourmands*,
édition de 1805

A chaque pays sa manière de boire le café. Les Italiens se sont très tôt imposés dans sa préparation. Stendhal n'écrivait-il pas à la suite d'un séjour à Milan : "Je suis allé prendre une tasse de café à la crème et à la glace, délicieux et, pour moi, supérieur à tout ce qu'on trouve à Paris." ? Aujourd'hui, sans compter les diverses variantes régionales, leur préférence va surtout à *l'espresso*, noir et très fort (10 à 12 g de café pour 1/2 tasse d'eau). Pour le *capuccino*, qui doit son nom à la couleur brun clair de la robe des Capucins, ils associent au café une quantité égale de lait très chaud (chauffé à la vapeur) et le parsèment de râpures de chocolat ou de cacao en poudre.

Les Viennois, quant à eux, l'aiment fort, très chaud, aromatisé avec un peu de vanille et nappé d'une épaisse couche de crème Chantilly froide. Les Irlandais ne le conçoivent pas sans whiskey (*v. p. 61*). Les Allemands ont un faible pour le café glacé (*eiskaffe*). Les Mexicains le rehaussent de cannelle. Les Brésiliens le parfument avec du cacao. La formule javanaise l'associe à une quantité identique de chocolat très chaud. Les Orientaux continuent à le préparer "à la turque" (*v. p. 64*) et le servent souvent, comme en Turquie, avec un grand verre d'eau fraîche. Les Grecs en boivent à toute heure et l'apprécient autant fort et bien sucré que moins fort et peu sucré. De quoi satisfaire tous les goûts !

DU GRAIN A LA MOUTURE

A l'origine, les grains de café torréfiés étaient pilés dans un mortier et ensuite tamisés. La coutume devait se perpétuer longtemps. Encore au XIXe siècle, dans certaines campagnes, il n'était pas rare d'écraser les grains avec une bouteille, voire un poids. Mais l'invention du moulin vint faciliter l'opération. Dès la fin du XVIIe, Nicolas de Blégny recommandait l'emploi domestique de cet ustensile, ce qui permettait d'obtenir un café pur, alors que le café vendu moulu était fréquemment "falsifié" et additionné de matières étrangères telle la farine de fèves. En bois, puis en métal, le moulin à café à main vit sa forme et son système de broyage évoluer, jusqu'au jour où la "fée électricité" vint le métamorphoser en un appareil plus sophistiqué, mais de manipulation plus rapide. Aussi l'ancien moulin, sorte de gros cube, surmonté d'une manivelle qu'il fallait tourner inlassablement et pourvu d'un tiroir où tombait la mouture, semble bien désuet aujourd'hui. Il est devenu pièce de collection et appartient désormais aux curiosités du passé.

Deux types de moulins se disputent l'avantage de réduire en poudre le café torréfié. Le moulin à palettes tournantes ("à ailettes") est peu onéreux. D'aucuns lui reprochent d'échauffer le café et de lui retirer de son arôme. L'inconvénient est évité si l'on prend soin de fractionner l'opération en pulsions successives. Mais il comporte un défaut plus grave, auquel on ne peut remédier : il manque de précision quant à la finesse de mouture. Et en cela le moulin à meule ("moulin-broyeur") est plus fiable. Les grains de café sont broyés entre un noyau central, qui tourne sur lui-même, et une couronne fixe, l'écartement entre ces deux éléments pouvant être réglé en fonction de la mouture souhaitée. Plus de perte d'arôme, car la rapidité du broyage empêche tout échauffement.

Outre l'incontestable facilité de maniement, l'intérêt majeur de moulins modernes est donc de fournir une mouture plus homogène que ne pouvait le faite l'antique moulin mécanique. Un conseil : ne remplissez le moulin qu'aux trois quarts, pour le faire fonctionner plus ou moins longtemps : 10 secondes pour une mouture grossière, 20 secondes si on la veut moyenne et 30 secondes si on la préfère fine. En sachant que plus la mouture est fine, plus le café est fort, l'eau mettant plus de temps à la traverser.

SUR LES TRACES DE LA "DU BELLOY"

A ses débuts en Europe, le café était préparé à la manière turque. La mouture était plongée dans de l'eau à laquelle on faisait subir 10 à 15 bouillons. Une once de poudre dans une chopine d'eau. Cette simple macération ne pouvait que nuire à l'arôme et à la saveur. Le breuvage avait un désagréable goût de brûlé. Et si, en 1687, Nicolas de Blégny conseillait de servir le café dans un pot prévu à cet effet, renflé dans sa partie basse et doté d'un bec verseur, ce bec étant garni d'une grille destinée à retenir le marc et à laisser passer le liquide, le goût n'en demeurait pas moins singulièrement édulcoré. Il fallut attendre la fin du XVIIIe siècle pour que se manifestât un réel progrès dans l'art de confectionner ce breuvage. De fait, Jean-Baptiste du Belloy mit au point le principe du passage de l'eau bouillante à travers le café en poudre et ce fut une révolution dans l'art de préparer le café. Dès lors, il suffisait de verser de l'eau bouillante sur la mouture placée au-dessus d'un filtre ; le café conservait ainsi tout son arôme. Longtemps, cette invention, que d'aucuns dénièrent au cardinal du Belloy pour l'attribuer à un certain Chamacé, fut la seule en vigueur.

"Nous nous levâmes de table pour passer dans la galerie où nous attendaient le curaçao huileux des Antilles et le café de San-Antonio, cru exquis que les Anglais accaparent, à ce que m'assura mon hôte."

Alfred de Marton, *Un dîner du Nouveau Monde* in *La Cuisinière Poétique* de Charles Monselet, 1859

Puis la cafetière "à la Du Belloy" fut supplantée par d'élégants appareils, qui se plaçaient directement sur la table. "Les gourmets, à l'exemple de Delille, ne permettent pas que la cuisine usurpe sur eux *ce soin délicieux,* et ils s'en trouvent généralement bien", lit-on dans un *Magasin Pittoresque* de 1866. La cafetière à bascule, sorte d'appareil à distiller, joignait le spectacle au plaisir de la dégustation, alors que, plus modeste, dans le secret de la cuisine, sur le fourneau, la cafetière en terre de Sarreguemines passait le café au-dessus d'un bain-marie. Dans les coulisses aussi, d'autres cafetières, en fer-blanc ou en porcelaine, laissaient s'écouler le noir breuvage par un filtre garni d'une rondelle de flanelle...

Au fil des modes et des perfectionnements techniques, les types de cafetières se sont multipliés. Chacun peut désormais choisir cet ustensile en fonction de ses besoins et de son goût. Et même dans les campagnes les plus reculées, qui se souvient encore du coquemar en terre qui servait à préparer le café ? Qui se souvient du café dit "à la grecque", préparé en versant de l'eau bouillante sur du café en poudre déposée dans une chausse ? Cette formule de la cafetière "à chaussette" nous a pourtant laissé une expression familière : "jus de chaussette", utilisée lorque le café s'apparente, par son manque de corps, à ce que donnait un café passé dans un marc qui avait trop servi.

"Cependant, Coupeau ne reparaissait plus. On l'entendait dans la cuisine se battre avec le fourneau et la cafetière. Gervaise se tournait les sangs : ce n'était pas l'occupation d'un homme, de faire du café ; et elle lui criait comment il devait s'y prendre, sans écouter les "chut !" énergiques de la sage-femme.

"– Enlevez le baluchon ! dit Coupeau, qui rentra, la cafetière à la main. Hein ! est-elle assez canulante ! Il faut qu'elle se cauchemarde... Nous allons boire ça dans des verres, n'est-ce pas ? par ce que, voyez-vous, les tasses sont restées chez le marchand.

"On s'assit autour de la table, et le zingueur voulut verser le café lui-même. Il sentait joliment fort, ce n'était pas de la roupie de sansonnet."

Emile Zola, *L'Assommoir*, 1877

LES CAFETIERES

① MACHINE A CAFÉ EXPRESSO

② CAFETIERE ITALIENNE A PRESSION

③ CAFETIERE ELECTRIQUE

④ CAFETIERE A FILTRE

⑤ CAFETIERE TRADITION-NELLE

⑥ CAFETIERE A VIDE

⑦ CAFETIERE A PISTON

⑧ PERCOLATEUR

Dessin C. Staebler

LES CAFETIERES

TYPE	PRINCIPE
TRADITIONNEL	Le café moulu est placé dans la partie supérieure (filtre). On verse l'eau chaude, peu à peu, sur la mouture. Le café s'écoule dans un récipient verseur, qui constitue la partie inférieure de la cafetière.
A FILTRE	Type Mélitta. Même principe que pour la cafetière traditionnelle. Le filtre est, généralement, en papier, mais parfois en métal ou en matière plastique.
A VIDE (ou A DEPRESSION)	Type Cona. L'eau est versée dans le globe inférieur. Le café est déposé dans le globe supérieur *(tulipe),* pourvu d'un petit filtre circulaire. La cafetière est placée sur une source de chaleur. L'eau monte peu à peu dans la partie supérieure. Lorsqu'elle est totalement montée, on supprime la source de chaleur et le café "descend", à travers le filtre, dans le vase inférieur, qui devient verseuse. *N.B.* Il est conseillé de remuer rapidement la mouture, avec une cuillère, lorsque l'eau est entièrement remontée dans la tulipe.
A PISTON	Type Mélior. Le café moulu est déposé dans un cylindre en verre. On verse l'eau chaude dessus. Au bout de 3 minutes, on place dans le récipient un piston, muni à son extrémité d'un filtre en acier inoxydable, et on pousse doucement vers le fond de la cafetière. Le marc se trouve ainsi tassé et isolé du café qui traverse le filtre.
ELECTRIQUE	Même principe que les cafetières traditionnelle et à filtre. L'appareil chauffe l'eau et la verse, peu à peu, sur la mouture, placée dans un filtre en papier. Une plaque chauffante conserve le café chaud jusqu'au service.
ITALIEN A PRESSION	Elle est constituée de deux cônes inversés. Le café est déposé au centre et l'eau dans la partie inférieure. Lorsque celle-ci chauffe, elle se transforme en une vapeur qui traverse la mouture et devient café dans la partie supérieure de la cafetière.
EXPRESS	Même principe que la précédente. Il s'agit, ici, d'un circuit à pression d'eau chauffée. La mouture est déposée dans une poignée porte-filtre, que l'on place sous une douchette, avant de lancer l'envoi d'eau chaude sous pression. *N.B.* Il est conseillé de préparer 2 tasses en même temps.
PERCOLATEUR	Sorte de cafetière traditionnelle. Le café moulu est déposé dans un filtre. L'eau, chauffée, passe à travers le filtre et repart en infusion. L'opération se répète à plusieurs reprises.

CARACTERISTIQUES	MOUTURE	DOSAGE	RESULTATS
• Le plus souvent en terre cuite ou en porcelaine, mais aussi en métal émaillé ou en acier inoxydable. • Usage familial. • Modèle tombé en désuétude.	moyenne	10 à 12 g par tasse de 12 cl	bons, irréguliers
• Entretien facile, lorsqu'il s'agit de filtres en papier. • Usage familial.	fine	10 à 12 g par tasse de 12 cl	très bons, irréguliers
• Service élégant. Supportée par un petit réchaud, cette cafetière en verre trouve sa place là où se boit le café. Fragile. Usage familial. Utilisée dans certains restaurants.	fine	12 g par tasse au minimum ou 90 g de café moulu pour 1 litre de café préparé	excellents, réguliers
• Nécessité de nettoyer régulièrement le filtre. Usage familial.	grosse	12 g par tasse de 12 cl	bons, réguliers
Entretien facile. Usage familial. Cette cafetière peut être programmable et est donc pratique pour préparer le café du petit déjeuner.	fine	10 à 12 g par tasse de 12 cl	très bons, réguliers
Donne un café "à l'italienne". Peu recommandée pour les cafés subtils. Modèle tombé en désuétude.	très fine	7 à 10 g par tasse	très bons pour les cafés corsés, réguliers
Donne un café "à l'italienne" *(espresso),* d'aspect crémeux. Peu recommandée pour les cafés subtils. Utilisée dans cafés et restaurants. Machines de petite taille pour usage domestique.	très fine *N.B.* Le temps d'infusion pour 2 tasses est de 20 à 30 secondes.	7 g par tasse de 7 cl (dosage légal fixé pour les établissements publics)	très bons pour les cafés corsés, réguliers
Utile pour un grand nombre de tasses. Peu recommandée pour les cafés subtils. Permet de préparer le café à l'avance, mais nécessité de ne pas faire attendre le café trop longtemps (1 heure au plus).	grosse	75 g de café moulu pour 1 litre de café préparé	très bons pour les cafés corsés, réguliers

RÉUSSIR UN BON CAFÉ ...

Compte tenu du choix de grains et du matériel dont dispose le consommateur d'aujourd'hui, il n'est désormais guère pardonnable de confectionner un mauvais café. Néanmoins, celui-ci peut être plus ou moins réussi selon que les règles essentielles de sa préparation ont été respectées ou non. Ce sont là, en effet, les clés de sa saveur et de sa finesse et on ne saurait les négliger. Ainsi :

• il est indispensable de sélectionner de bons grains, fraîchement torréfiés, et chacun doit s'efforcer de personnaliser son choix par l'adoption d'un mélange qu'effectuera le torréfacteur ou, mieux, s'il est connaisseur, qu'il composera lui-même. Il est recommandé de s'adresser de préférence aux torréfacteurs spécialistes, car ceux-ci sélectionnent les grains les plus fins et garantissent la qualité de leurs cafés. Si toutefois vous achetez du café préemballé, préférez les paquets qui le conservent sous vide et qui sont pourvus d'une valve unidirectionnelle, permettant au café de "respirer", sans perdre de son arôme ni de sa vigueur ;

• il ne faut pas surestimer sa consommation et effectuer des achats disproportionnés. Un café qui a été conservé trop longtemps perd son arôme. Mieux vaut en acheter souvent pour une utilisation à court terme ;

• il ne faut pas moudre le café à l'avance, sous peine de lui faire perdre son arôme ;

• la mouture a son importance, elle doit être régulière et adaptée à la cafetière ;

• il convient d'arroser la mouture d'une cuillerée à soupe d'eau froide, pour faire gonfler le café et exalter son arôme, avant de verser dessus l'eau frémissante. Mais, attention, celle-ci ne doit pas être bouillante, sous peine de conférer au café une saveur très amère, fort déplaisante ;

• la quantité d'eau doit être proportionnelle à la quantité de café moulu. On compte, en général, 10 à 12 g de café moulu par tasse, soit 1 cuillerée à soupe rase ;

• si la cafetière n'est pas électrique, il est recommandé de l'ébouillanter avant de l'utiliser ;

• le café doit être servi chaud (60 °C), mais non bouillant ; son service doit intervenir dès qu'il est prêt. Plus un café attend, moins il est bon. Et le réchauffer tient du sacrilège ... ;

• enfin, pour servir le café, il est déconseillé d'utiliser les cafetières en métal, bien que les orfèvres en aient conçu de fort élégantes. Le café y prend un goût acide, que l'on évite en ayant recours à la porcelaine, à la faïence ou au grès. Si toutefois vous devez employer, de temps à autre, une cafetière en argent, laissez-y en permanence un peu de café moulu, que vous jetterez avant de rincer la cafetière à l'eau bouillante au moment de son utilisation.

CONSERVER LE CAFÉ

Mieux vaut éviter de conserver du café longtemps. Un achat judicieux permet, comme nous l'avons vu, de disposer toujours de café "frais" et aromatique. Néanmoins, tout paquet, qu'il s'agisse d'un conditionnement sous vide ou d'un sac plastique, à partir du moment où il a été ouvert, doit être refermé après usage et placé dans une boîte étanche, de préférence en métal, mais qui peut être aussi en plastique. Et cette boîte sera entreposée dans la partie basse du réfrigérateur, pendant 1 mois au plus. Le stockage au congélateur n'est en rien déconseillé, bien au contraire.

Il n'est pas recommandé de conserver du café, même contenu dans une boîte hermétique, à proximité de substances ou d'aliments à l'odeur accusée (fromages, par exemple). Un guide domestique du tout début du XXe siècle étaye cette recommandation ainsi : "Un navire revenant des Indes ayant complété son chargement avec quelques sacs de poivre, tout le café qui était à bord fut perdu." A une moindre échelle, l'accident serait tout autant désagréable...

BON A SAVOIR ...

- Si vous aimez moudre votre café, vous pouvez chauffer les grains à la poêle pendant quelques minutes avant de procéder à l'opération. Un délicieux arôme se répandra dans la maison et le café moulu y gagnera en saveur. Mais, attention, le café ne doit pas griller !
- Certains affirment que déposer 3 grains de gros sel ou 1 pincée de sel fin sur la mouture, avant de l'arroser d'eau, contribue à développer l'arôme du café. A cette même fin, d'autres préfèrent ajouter une goutte de vinaigre à l'eau.
- Pour parfumer le café, d'aucuns mettent quelques clous de girofle dans la boîte où il est conservé. Mais attention, tout le monde n'apprécie pas ce parfum particulier...

• Si le café est éventé, un truc de grand-mère : faites tremper le café dans un peu d'eau froide, puis séchez-le vivement à la poêle en le saupoudrant de sucre. Une partie de son arôme lui sera restituée. Mais mieux vaut ne pas avoir recours à ce procédé, car rien ne vaut un café fraîchement torréfié.

• Une astuce pour nettoyer le moulin à café : vous pouvez y moudre un morceau de pain rassis.

• Il ne faut pas négliger l'entretien de la cafetière, qui doit être d'une parfaite propreté et dépourvue d'odeur. Si, ne servant pas souvent, vous craignez qu'elle ne dégage une odeur de moisi, mettez-y un morceau de sucre, que vous ne retirerez qu'au moment de l'utiliser.

• L'eau contribue à la saveur du café. Elle ne doit être ni calcaire, ni chargée en chlore, ni trop riche en minéraux. A défaut d'une eau neutre, utilisez une eau de source en bouteille.

• Si vous devez réchauffer du café, bien que cela lui soit préjudiciable, faites-le au bain-marie et ajoutez quelques gouttes d'eau froide dans la tasse. L'âcreté de la saveur s'en trouvera légèrement réduite.

• Evitez de jeter un reste de café. Transformez-le en glaçons, qui vous serviront à rafraîchir un café glacé (*v. p.75*) ou à aromatiser un chocolat glacé.

• Quant au marc de café, les amateurs de jardinage le répandent au pied des plantes, car il fait fuir les parasites. De même, dans la maison, il refoule les fourmis.

LE CAFÉ AU LAIT

L'usage du café au lait se répandit surtout au XIXe siècle et sans doute est-ce à cette époque qu'il devint indissociable du petit déjeuner. Edmond Texier en porte témoignage dans son *Tableau de Paris* (1852) : "[...] qui ne sait que le café au lait forme le déjeuner des trois quarts de la population ? Boudoir ou mansarde, échoppe ou salon, hôtel somptueux ou loge de portier, le café est partout. C'est encore le déjeuner national, et le thé, cette importation anglo-chinoise, se renferme dans les limites d'une minorité comparativement imperceptible."

Aujourd'hui, le café au lait conserve de sa faveur bien que, médicalement, il soit déconseillé pour son manque de digestibilité. Sa préparation peut se faire de plusieurs façons. L'une consiste à ajouter du lait chaud à un café noir très fort, la quantité de lait variant selon les goûts. Une autre méthode, plus savoureuse, consiste à porter lentement à ébullition le lait additionné du café moulu, puis à filtrer le mélange avant de servir. Dans les deux cas, il convient que le lait soit aussi crémeux que possible. S'il est chauffé sur feu très doux, l'eau qu'il renferme a le temps de s'évaporer et, en épaississant, le lait devient plus onctueux.

CAFÉ ET SAVOIR-VIVRE

Dans son ouvrage *La Table et le Repas à travers les siècles,* A. Lebault mentionne la célèbre anecdote que vécut l'abbé Delille en 1786. Un professeur de belles-lettres au collège Mazarin, l'abbé Cosson, ayant parlé à ce dernier d'un dîner qu'il avait partagé avec de nobles personnages de la cour chez l'abbé de Radonvilliers, à Versailles, l'abbé Delille, très soucieux des bienséances, ne manqua pas de le questionner sur son comportement à table, puis sur la manière dont il conclut le repas :

"– [...] Le café, comment le prîtes-vous ?

– Eh ! pour le coup, comme tout le monde : il était brûlant, je le versai par petites parties de ma tasse dans ma soucoupe".

Et l'abbé Delille de rétorquer devant pareil agissement :

"– Eh bien, vous fîtes comme ne fit sûrement personne : tout le monde boit son café dans sa tasse, et jamais dans sa soucoupe. Vous voyez donc, mon cher Cosson, que vous n'avez pas dit un mot, pas fait un mouvement qui ne fût contre l'usage".

Cette étrange façon de boire le café devait être alors assez fréquente, car Grimod de la Reynière l'évoque aussi dans son *Manuel des Amphitryons* (1808), lorsque abordant les règles du savoir-vivre à table, il explique le rituel du café en son temps :

"Les convives sortent de la salle à manger pour se rendre dans le salon, sans garder aucun ordre. [...]

"Le café, qui se distribuoit autrefois dans une cafetière portée par l'Officier suivi d'un valet-de-chambre chargé du cabaret* sur lequel étoient les tasses et le sucrier, et qui s'arrêtoient devant chaque convive, est aujourd'hui présenté dans une fontaine élégante, entourée de tasses, et perchée sur un double guéridon qui occupe le centre du salon. L'Amphitryon lui-même, ou l'un de ses affidés, remplissent les tasses après qu'elles ont été sucrées à discrétion par chaque convive, qui va ensuite humer et prendre son café dans un coin du salon. Nous observerons que l'usage veut qu'il le boive dans la même tasse, et que, aussi brûlante que soit cette liqueur, il ne lui est pas permis de la verser dans la soucoupe. Ce seroit manquer de savoir vivre. [...]

"De quelque manière que l'on serve le café et les liqueurs, se seroit une malhonnêteté d'en laisser dans sa tasse ou dans son verre. On doit avoir aussi l'attention de rapporter les vases vides sur le guéridon, et de ne point les déposer sur les meubles."

A la fin du XIXe siècle, les mauvaises habitudes persistent. Dans son guide intitulé *Traditions Culinaires et l'Art de manger toute chose à table* (1894), la Baronne Staffe ne manque pas le préciser : "Jamais on ne verse le contenu ou une partie du contenu de sa tasse dans la soucoupe, pour le boire dans cette soucoupe. Jamais non plus on ne reverse dans sa tasse le café qui a pu déborder dans la soucoupe par suite d'un mouvement maladroit." En revanche, le service du café a perdu de sa sophistication. La même baronne d'indiquer :

"Le café se prend au salon, en général.

"Les domestiques apportent sur un plateau les tasses, la cafetière où le liquide est maintenu chaud : les liqueurs, flanquées des verres dans lesquels on les boit, occupent un second plateau."

** Le terme cabaret utilisé par le célèbre gastronome Grimod de la Reynière désignait, à l'époque, l'ensemble de tasses, de soucoupes et de verres posés sur un plateau.*

"La maîtresse de maison verse le café dans les tasses et se fait aider, pour les distribuer, par ses fils ou ses filles, où à défaut par les plus jeunes des invités. L'un d'eux présente la tasse ; il est accompagné d'un autre qui offre le sucrier, où plonge une pince.

"Le convive remercie celui qui lui apporte sa tasse, prend du sucre au moyen de la pince, remercie également la personne qui tend le sucrier.

"Dans les très grandes maisons, les domestiques remplissent ce service comme tous les autres. La maîtresse du logis, que sa grandeur attache à son fauteuil, ne se charge d'aucun soin."

Ce mode de service du café n'a rien perdu de son actualité. Mais il arrive qu'on prenne le café à table, ce qui est plus pratique dans la mesure où, à l'heure actuelle, salle à manger et salon se confondent souvent en une pièce commune. Cela évite aussi les maladresses auxquelles on s'expose en buvant son café debout. Il ne faut néanmoins pas négliger le principe de présentation qu'énonce Emile Dumont dans *La Bonne Cuisine Française* (1928) et que l'on rencontre encore dans les restaurants : "Si l'on a décidé que l'on prendrait le café à table, lorsqu'on a fini d'offrir les plats de dessert, les personnes de service remplaceront les assiettes des convives par une assiette sur laquelle auront été disposées à l'avance une tasse à café avec sa soucoupe et une cuillère". Un service bien fait participe au raffinement du moment...

AU SERVICE DU CAFÉ

• Le sucrier a aussi son importance et il est facile de lui apporter une note originale et raffinée. Par exemple, présentez-y un mélange de sucres : morceaux de sucre blanc, morceaux de sucre roux, brisures de sucre candi. Chacun choisira selon son goût. Mais, attention, ne présentez pas de sucre en trop gros morceaux. Il est dérangeant de devoir demander à la maîtresse de maison l'autorisation de couper un morceau en deux. Vous pouvez aussi opter pour les morceaux de sucre enveloppés, tels qu'on les trouve dans le commerce : motifs fantaisie, dictons, etc. ornent joliment le papier d'emballage.

• Complétez le plateau de service avec un petit pot de lait écrémé froid – certains apprécient d'ajouter un peu de lait au café –, des verres et une carafe d'eau, une coupelle garnie de bonbons de chocolat noir, de truffes, de mini-tablettes ou de tuiles au chocolat. Le chocolat amer rehausse merveilleusement la saveur du café.

• Enfin, la dégustation du café terminée, proposez à vos convives un choix d'alcools et de liqueurs, voire des fruits à l'eau de vie.

"[...] Que de personnages bizarres et cocasses prirent pour lieu de leurs exploits le *Café Anglais* ! Qui n'a entendu parler de ce marquis de Saint-Cricq qui se faisait conduire en chaise de poste au coin de la rue Marivaux [...]. Parfois, au café, cet incorrigible original demandait qu'on lui apportât de quoi écrire et une tasse de café ; versait l'encre, les plumes, le porte-plume coupé en petits morceaux dans sa tasse qu'il buvait ensuite avec componction.[...]"

Georges de Wissant, *Cafés et Cabarets*, 1928

UNE ÉTRANGE DÉGUSTATION DE CAFÉ

Dans des *Documents sur l'histoire, la géographie et le commerce de l'Afrique Orientale* au XIXe siècle, un contre-amiral français, Guillain, relate comment, dans les années 1840, il fut reçu chez le gouverneur de la ville de Moguedchou. Pittoresque expérience, en vérité ! "Pendant le cours de notre visite, Moumen m'offrit le café ; cette politesse n'avait par le fait rien d'extraordinaire, et je n'en parlerais pas si le café se préparait en ce pays ainsi que partout ailleurs ; mais la façon dont les Soumal l'apprêtent est assez curieuse pour être décrite. On met du café en coque frire dans du *semen**. Quinze ou vingt grains servis sur une assiette de bois, avec la graisse dans laquelle ils ont été cuits, représentent une tasse de café. Cette manière de prendre ce que nos habitués d'estaminet appellent la demi-tasse est la seule connue chez les Soumal, qui sont très friands de cette préparation et s'en régalent, m'a-t-on dit, soir et matin. Mais, en narrateur véridique, je suis forcé d'avouer que, de notre côté, nous trouvâmes ce ragoût aussi dégoûtant à voir qu'exécrable à manger. Heureusement il y avait des vaches dans la cour, et leur lait nous fut présenté à propos pour chasser la détestable saveur du café que nous avions mâché... afin de ne pas désobliger notre hôte."

** Le terme semen désigne un beurre obtenu à partir de lait de vache et de lait de chèvre mélangés.*

LES USTENSILES DU CAFÉ

L'engouement suscité par le café à la cour et dans la haute société des XVIIe et XVIIIe siècles se traduisit aussi par le raffinement des contenants et accessoires destinés à son service. La fondation de la Compagnie Hollandaise des Indes Orientales, en 1602, ne fut pas étrangère à l'évolution des formes et des matières. Par son biais, puis à travers les compagnies qui se créèrent sur ses traces, l'Europe découvrit la production de porcelaine des pays orientaux. De nouveaux objets furent ainsi introduits. Parmi eux : les petits bols chinois, dont la consommation du café fit aussitôt usage. Car, verres et chopes, jusque là utilisés pour boire vin et bière, n'étaient pas adaptés à la dégustation d'un breuvage chaud.

La première manufacture européenne de porcelaine dure vit le jour à Meissen, en 1709, à l'instigation de l'électeur de Saxe, Auguste le Fort. Son souci majeur fut de produire des pièces destinées au thé, au chocolat et au café, qui faisaient alors fureur. La tasse fit son apparition. L'ornementation était des plus recherchées dans une réserve cernée de doré ou à fond coloré, scènes et paysages étaient peints avec la plus grande précision, dans un style apparenté à la manière hollandaise. La production de Meissen allait bientôt inspirer la création d'autres fabriques, telle la Manufacture Royale de Berlin, très marquée par la "façon Meissen". En France, la Manufacture royale de Sèvres s'efforça, à partir de la seconde moitié du XVIIIe de se différencier des modèles de Saxe et d'Extrême-Orient. Fleurs, oiseaux et amours, notamment, envahirent la vaisselle. Néanmoins, si les motifs des tasses et des verseuses varient plus ou moins suivant les fabriques, il est à noter que, quelle que soit la provenance, le goût de la décoration s'intensifia avec le temps, jusqu'à recouvrir complètement les pièces. Portraits, paysages, monuments, l'art de la peinture trouva là un merveilleux support pour ses reliefs et perspectives.

C'est au XVIIIe siècle, à la période rococo, que se constitua véritablement le "service à café", composé d'une cafetière, de tasses avec soucoupes, d'un rinçoir, d'un sucrier et d'un pot à lait. Parfois, il était complété d'une pince à sucre candi, en argent, d'un saupoudroir, d'assiettes à gâteau et de fourchettes. Le dressoir, sorte de plateau dérivé du plat de ménage, réunissait tous les éléments de ce service sur sa surface. Mais, d'ici ou d'ailleurs, les ustensiles en porcelaine, tout de légèreté et de délicatesse picturale, demeurèrent longtemps objets de luxe. Il fallut attendre le XIXe siècle pour voir se démocratiser ce type de vaisselle et apparaître des pièces moins raffinées et donc moins coûteuses.

Parallèlement à cette production, l'orfèvrerie porta intérêt au café. Elle adopta les formes de la porcelaine : des cafetières en tronc de cône ou ventrues, avec ou sans pied ; des tasses aux lignes arrondies ou droites. De l'argent naquirent des services dont les tables les plus riches devaient de se parer.

En amont du service du café, les instruments de sa préparation connurent, évidemment, bien des perfectionnements au fil des siècles.

Au début, dès la seconde moitié du XVIIe siècle, ce fut la cafetière simple, conique ou cylindrique, qui allait survivre jusqu'au XIXe. La cafetière à robinet, tripode et pourvue d'un réchaud, se répandit au XVIIIe ; porcelaine, faïence, fer émaillé, étain, cuivre ou argent... Tous les matériaux se prêtèrent à la fabrication de cet ustensile sans lequel il n'y aurait pas de breuvage.

Coll. A.P.-R.

RECETTES

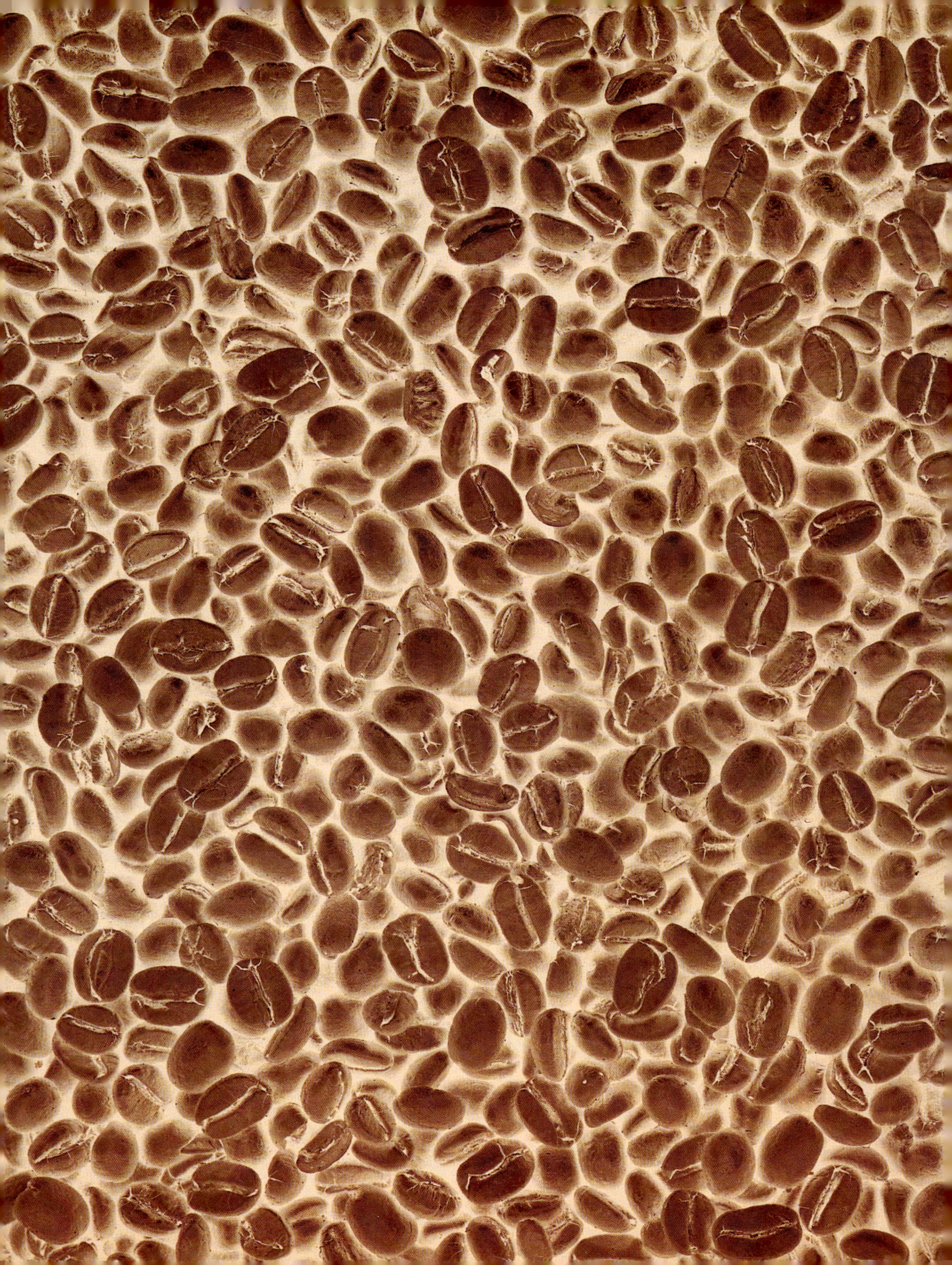

MILLE ET UN CAFES

LES CAFES CHAUDS

1 pers.
Prép. : 5 mn.
Cuisson : 10 mn.

Irish coffee

1 tasse de café
4 cl de whiskey (whisky irlandais)
3 cuil. à café de crème fraîche
2 morceaux de sucre

Verser le café chaud dans le verre. Ajouter le whiskey et le sucre. Bien mélanger.

Prélever la crème fraîche sur le dos d'une cuillère à soupe et la déposer délicatement sur le café, en veillant à ne pas mélanger. Servir aussitôt.

A la manière de l'irish coffee, vous pouvez préparer un café au calvados, au Grand Marnier, etc. Vous pouvez aussi fouetter la crème avant de la déposer à la surface du mélange.

2 pers.
Prép. : 5 mn.
Cuisson : 10 mn.

Brûlot

2 tasses de café
5 cl de cognac
80 g de sucre en poudre
4 clous de girofle
2 pincées de cannelle en poudre
2 zestes de citron (en fines lanières).

Mettre dans un récipient le sucre en poudre, les clous de girofle, la cannelle et les zestes de citron. Arroser avec le cognac chaud. Faire flamber.

Bien mélanger pour que le sucre soit parfaitement dissous. Verser dessus le café très chaud, sans cesser de remuer.

Servir aussitôt, dans 2 verres résistant à la chaleur.

CONSEILS

- *Lorsque la boisson chaude est servie dans un verre, réchauffer celui-ci à l'eau chaude avant de le remplir. Il est également conseillé d'y laisser une cuillère à café lorsqu'on le remplit, car cela l'empêche d'éclater. D'autre part, il existe, dans le commerce, de jolis porte-verres, en métal ou en paille, qui permettent de consommer ces boissons sans risquer de se brûler les doigts.*
- *Parsemer les boissons mousseuses ou surmontées de crème avec du chocolat noir râpé ou en copeaux ou encore les saupoudrer de cacao en poudre.*
- *Accompagner ces boissons chaudes de gâteaux secs, de meringues ou de petits fours.*

AUTOUR DU CAFÉ...

• Le *café blanc* est une boisson libanaise consommée à la fin du repas ; elle n'est en fait, composée que d'eau bouillante additionnée d'un peu d'eau de fleur d'oranger et très sucrée. On lui attribue des vertus sédatives.

• En Italie du Nord, notamment dans le Val d'Aoste, l'usage veut que l'on boive le café communautairement dans la *grolla*. Il s'agit d'une sorte de petite marmite ronde et fermée, en bois, façonnée d'un bloc et souvent joliment sculptée. Le dessus est percé d'un trou central muni d'un petit couvercle, par lequel le café est versé dans la marmite. Tout autour sont disposés deux, trois ou quatre becs verseurs, chacun d'eux étant destiné à un convive qui l'utilise pour boire. Le café ainsi servi est fort, très sucré et additionné de *grappa*, l'alcool traditionnel italien. C'est là un mode de dégustation extrêmement convivial.

• En Italie du Nord aussi, et, plus précisément, dans certaines régions de Vénétie, le café est agrémenté de cannelle et d'amaretto (liqueur d'amandes amères). Un parfum suave pour un goût des plus délicats...

• On boit au Brésil, dans la région de Bahia, *un café vert* dont la recette remonte au XVIIIe siècle et que l'on trouve sous la plume d'un certain Andry, médecin français de l'époque : "Prenez 4 g de café en grain, non torréfié, et faites-le bouillir pendant 7 à 8 minutes au plus dans un quart de litre d'eau ; retirez ensuite du feu cette liqueur qui aura pris une belle couleur citrine ; et après l'avoir laissée reposer un peu de temps, vous la boirez chaude avec du sucre".

• Le *café maure*, qui se boit en Afrique du Nord, s'apparente au café turc (*v. p. 64*). Les Tunisiens ajoutent souvent 1 cuillerée d'eau de fleur d'oranger dans la tasse.

• Dans le Nord de la France, on surnomme populairement *bistouille* un café mêlé d'alcool. L'habitude d'ajouter une rasade d'eau-de-vie dans le café chaud est fort ancienne. On appelait autrefois ce mélange du terme familier de *gloria*.

Concernant cette même pratique, le terme de *champoreau* désignait un café noir additionné de vin, de rhum ou d'eau-de-vie.

• Quant au *café à mort*, autrefois préparé en Normandie, il s'agissait d'un café noir dans lequel du calvados chauffé remplaçait l'eau bouillante.

2 pers.
Prép. : 10 mn.
Cuisson : 15 mn.

Lait épicé

50 cl de lait
1 cuil. 1/2 à soupe de cacao en poudre sucré
1 cuil. à soupe de café soluble
50 g de sucre en poudre
1 zeste d'orange
1/2 gousse de vanille
1/2 cuil. à café de cannelle en poudre
1 pincée de noix de muscade râpée
1 clou de girofle
Miel liquide.

Porter à ébullition le lait, additionné du sucre en poudre, du zeste d'orange, de la 1/2 gousse de vanille, préalablement fendue, du clou de girofle, de la noix de muscade et de la cannelle. Laisser ensuite chauffer, à doux frémissement, pendant 10 minutes.

Ajouter le cacao en poudre et le café au lait aromatisé. Bien mélanger, puis passer.

Verser dans de grandes tasses. Chacun sucrera avec du miel, selon son goût.

1 pers.
Prép. : 5 mn.
Cuisson : 10 mn.

Panaché à l'ancienne

30 cl de lait
10 cl de café
60 g de chocolat noir (en tablette)
25 g de crème fouettée
Sucre roux en morceaux.

Couper le chocolat en morceaux. Le faire fondre dans le café, sur feu doux.

Ajouter peu à peu le lait bouillant, en fouettant vivement.

Verser dans les tasses. Déposer la crème fouettée à la surface. Servir aussitôt. Chacun sucrera avec le sucre roux, selon son goût.

6 pers.
Prép. : 5 mn.
Cuisson : 5 mn.

Café turc

6 cuil. à café de café moulu très finement
150 g de sucre en poudre.

Porter à ébullition 6 tasses à café d'eau.

Mettre dans une casserole le café et le sucre en poudre. Verser dessus l'eau bouillante. Remuer légèrement. Porter à ébullition. Lorque le café monte, retirer du feu et laisser reposer pendant 1 à 2 minutes. Renouveler cette opération deux fois : le café doit monter, puis reposer.

Déposer dans chaque tasse un peu de la mousse qui s'est formée à la surface. Verser le café dessus.

Jeter quelques gouttes d'eau froide pour précipiter le marc au fond des tasses. Servir.

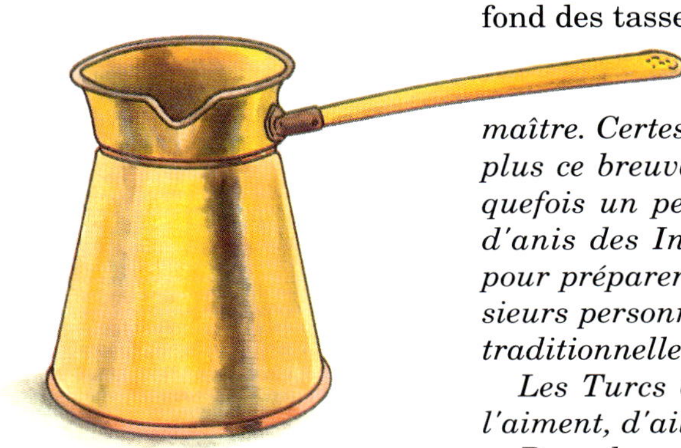

*Au pays où il a pris son essor, le café est resté maître. Certes, les goûts y ont aussi évolué et sans doute n'y boit-on plus ce breuvage comme aux siècles passés, où on y ajoutait quelquefois un peu d'essence d'ambre, des clous de girofle et un peu d'anis des Indes. Mais les cafetières en cuivre étamé employées pour préparer la décoction, pour une personne (*jezva*) ou pour plusieurs personnes (*tanaka*), servent encore beaucoup, tout comme la traditionnelle verseuse (*ibrik*).*

Les Turcs ont coutume d'en boire souvent dans la journée. Ils l'aiment, d'ailleurs, fort et très chaud.

Dans la mesure où l'on trouve, aujourd'hui, dans le commerce les ustensiles spécifiques utilisés pour le café turc, mieux vaut y avoir recours. Vous n'apprécierez que mieux ce café dans les petites tasses rondes appropriées ou dans les verres adaptés, enserrés dans un support de métal.

UNE TISANE DE CAFE

"Ce que les plus fins gourmets prennent le plus volontiers à Moka, n'est pas le café, c'est le *kicher*, sorte de tisane au goût douceâtre que l'on obtient de la pulpe dont chaque grain de café est entouré. On se contente de faire infuser dans de l'eau très chaude le joli fruit rouge qui enveloppe la fève de moka ; c'est une boisson rafraîchissante et parfaitement inoffensive. Quelques Arabes en font une prodigieuses consommation."

Magasin Pittoresque, septembre 1859

2 pers.
Prép. : 5 mn.
Cuisson : 10 mn.

Café Quetzalcoatl

1/2 tasse de café fort
75 g de chocolat noir (en tablette)
25 g de sucre en poudre
1 tasse de lait
2 cuil. à soupe de crème fraîche
1 pincée de cannelle en poudre
1 pincée de vanille en poudre
1 pincée de quatre-épices.

Couper le chocolat en morceaux, puis le faire fondre dans le café, sur feu doux.

Ajouter la cannelle, la vanille et les quatre-épices. Bien mélanger le tout. Incorporer ensuite le lait sucré très chaud, en filet.

Remplir 2 tasses. Déposer 1 cuillerée de crème fraîche à la surface de chacune d'elles.

Servir aussitôt.

LES CAFES AROMATISES

L'histoire dit que les sultans de jadis avaient conçu des recettes de café aromatisé dont ils gardaient jalousement le secret. Or, on trouve à l'heure actuelle dans le commerce, des cafés composés de purs arabicas et aromatisés avec des essences naturelles. Amande, cannelle, chocolat, menthe, orange, vanille, etc. On n'a donc plus rien à envier à ces temps révolus ! Mais à défaut de ces cafés "tout prêts", il est facile d'en préparer soi-même. Par exemple :

- un **café à la vanille :** ajoutez au café très chaud qui vient d'être préparé, une gousse de vanille, prélablement fendue en deux. Laissez infuser pendant 2 à 3 heures. Réchauffez le café au bain-marie. Servez ;
- un **café à la cannelle :** procédez comme pour la précédente recette, mais en utilisant un bâton de cannelle ;
- un **café à la cardamome :** procédez comme pour les précédentes recettes, mais en utilisant 2 graines de cardamome décortiquées ;
- un **café au citron :** ajoutez le jus de 1/2 citron dans le café chaud et sucrez selon votre goût. Dans la région de Menton, cette boisson se consomme aussi glacée, dans un grand verre garni de glace pilée.

1 pers.
Prép. : 5 mn.
Cuisson : 2 mn.

Café punch I

1 tasse de café
1 cuil. à soupe de rhum ambré
1 cuil. à café de cacao en poudre
1 morceau de sucre
1 cuil. à café de crème fraîche.

Verser le rhum dans le verre. Ajouter le morceau de sucre.

Délayer le cacao en poudre dans le café très chaud. Verser dans le verre. Déposer la crème fraîche à la surface. Servir aussitôt, avec une paille.

6 pers.
Prép. : 15 mn.
Cuisson : 10 mn.

Café punch II

60 cl de café fort
25 cl de rhum ambré
6 cuil. à café de cacao en poudre
6 cuil. à soupe de sirop de sucre de canne
30 cl de crème fraîche
2 cuil. à soupe de noisettes en poudre
Le zeste de 2 oranges.

Tailler le zeste des oranges en fines lanières.

Sur feu doux, porter le rhum à ébullition avec le sirop de sucre de canne. Y plonger le zeste des oranges et laisser confire, à doux frémissement, pendant quelques instants. Passer. Réserver le zeste confit et le sirop au rhum.

Battre la crème fraîche au fouet.

Incorporer au café chaud le cacao en poudre, les noisettes en poudre et le sirop au rhum.

Répartir le punch dans 6 grands verres. Déposer la crème fouettée à la surface. Parsemer des zestes d'orange confits.

Servir aussitôt.

2 pers.
Prép. : 5 mn.
Cuisson : 10 mn.

Café chocolaté

30 cl de café (pas trop fort)
50 g de chocolat noir
Sucre en poudre.

Briser le chocolat en morceaux, puis le faire fondre, sur feu doux, au bain-marie.

Lorsque le chocolat est bien lisse, l'incorporer au café très chaud. Verser dans 2 tasses.

Servir aussitôt. Chacun sucrera selon son goût.

"M. Hugo fait dans son assiette de fabuleux mélanges de côtelettes, de haricots à l'huile, de bœuf à la sauce tomate, d'omelette de jambon, de café au lait relevé d'un filet de vinaigre, d'un peu de moutarde et de fromage de Brie, qu'il avale indistinctement très vite et très longtemps."

Théophile Gautier,
De l'Obésité en littérature

1 pers.
Prép. : 5 mn.
Cuisson : 5 mn.

Chocolat au café

1 tasse de chocolat au lait
1 cuil. à soupe de café fort.

Ajouter le café fort au chocolat au lait chaud. Verser dans une tasse. Servir aussitôt.

AU TEMPS DES PSEUDOS-CAFÉS

"A peine le café fut-il connu que l'on songea
à le falsifier.
Le mal est toujours à côté du bien,
comme le faux à côté du vrai,
et il n'est aucune substance alimentaire
ou médicale, aucun produit, aucun objet utile,
que l'on n'ait cherché à contrefaire.
A chaque création nouvelle
correspond une contrefaçon, et
la falsification suit toujours de près la découverte
de l'utile emploi de quelque substance."

Magasin Pittoresque, mars 1867

Sous l'Empire, à l'époque du blocus continental, dure période de privations pour les amateurs de café, un Suisse, ayant un hôtel sur le faubourg Saint-Germain, à Paris, eut l'idée de mêler au café des glands préalablement grillés et réduits en poudre. Le prix très bas de ce breuvage qu'il vendait comme étant du véritable café lui valut la fortune, mais aussi, lorsque la ruse fut mise au jour, une multitude d'épigones. Ce fut alors à qui trouverait les meilleurs substituts. Graines ou racines subissaient torréfaction, broyage et infusion pour remplacer le café. L'imagination allait bon train et des brevets d'invention furent même déposés. Il était courant d'acheter, en guise de café, "du café artificiel préparé de toutes pièces avec de l'argile habilement colorée ; des grains torréfiés fabriqués avec un mélange de farines de maïs, de seigle, d'orge, et quelques centièmes de vrai café torréfié, pétris ensemble, moulés et séchés ; du café torréfié et moulu dans lequel, indépendamment de la chicorée, ont été retrouvés de la sciure d'acajou, du cinabre, du foie de cheval séché et pulvérisé, de l'ocre rouge, etc." (*Magasin Pittoresque*, septembre 1866).

Avoine, pois chiche, semences de lupin, carotte, betterave, châtaigne, fève, figue..., de tous ces ingrédients, le plus apprécié fut la chicorée sauvage, qui, dans le nord de la France, en Belgique, en Allemagne et en Hollande, fit très rapidement l'objet d'un commerce suivi. Dans les années 1830, il existait dans ces régions des débits de poudre de chicorée, sous le nom de *café-chicorée*. Torréfiée, réduite en poudre et préparée en infusion, la *chicorée à café* donnait un breuvage brun noirâtre, dont la saveur amère évoquait celle du café. Les noms les plus variés lui furent donnés, tels que "café des dames", "crème de Moka", "café de Tom-Pouce". Mais, le plus souvent, la chicorée n'était pas vendue seule ; on la mélangeait au café... Il n'est de guide domestique du XIXe siècle qui ne mentionne la "falsification" du café avec la chicorée. Cette pratique était alors des plus fréquentes, même lorsque le café ne fut plus soumis à restrictions. Comme l'explique Alexandre Dumas, dans son *Grand Dictionnaire de Cuisine,* "les cuisinières [...] soutinrent que le café mêlé de chicorée avait meilleur goût et était plus sain ; le malheur est, aujourd'hui, que le décret continental est tombé en désuétude ; les cuisinières l'ont enregistré à leur avoir et continuent toujours, sous le prétexte de rafraîchir leurs maîtres, à mêler au café qu'elles achètent tout moulu une certaine quantité de chicorée. Les maîtres ont ordonné alors d'acheter du café en grains, mais, dans des moules exprès, on a donné à de la pâte de chicorée la forme du café, et bon gré mal gré, la chicorée lui est restée fidèle".

Pour s'assurer que le café en poudre utilisé était pur, on avait recours à une expérience : il suffisait de déposer une pincée de café dans un verre contenant de l'eau et, si l'eau était immédiatement colorée, cela prouvait la présence de chicorée. En effet, le café moulu reste à la surface, alors que la chicorée se dissout dans l'eau.

Mais, non contents d'avoir falsifié le café avec la chicorée, les fraudeurs falsifièrent aussi la chicorée, en lui ajoutant d'autres substances, si saugrenues qu'elles méritent d'être citées :

"1) mélange de pain torréfié et de marc de café ;
2) poussière de chicorée, sable, brique pilée et ocre rouge ;
3) chicorée et noir d'os épuisé ;
4) chicorée et débris de vermicelle colorés ;
5) poudre de chicorée torréfiée avec de la graine, des beurres vieillis, et colorée avec du rouge de Prusse ;
6) chicorée, terre, glands de chêne et déchets de betterave torréfiés ;
7) trognons de choux torréfiés et foie de cheval grillé ;

Etc, etc." Il est intéressant de noter que le dernier mélange mentionné dans cette liste publiée par le *Magasin Pittoresque* de mars 1867 était une création d'outre-Manche, commercialisée à Londres sous l'audacieuse appellation de *café français*.

La même revue, qui n'épargnait pas les hommes de son temps, fait état d'une amusante anecdote au sujet d'une fabrique établie à Asnières et "dont les employés couraient la capitale pour se procurer tout le marc de café des restaurants ; ces résidus étaient séchés, mélangés de chicorée, et formaient, grâce à l'addition d'une matière gommeuse, une pâte qu'on moulait de manière à former des grains artificiels". Le subterfuge finit par être découvert et l'inventeur de la formule effectua un assez long séjour en prison...

Quoi qu'il en soit, pendant les périodes de restrictions, il fallut bien trouver une boisson qui puisse compenser la pénurie de café. Ainsi, tout au long de la période de la Seconde Guerre mondiale, les Français disposaient de mélanges constitués d'un tiers de café, d'un tiers de chicorée, d'un tiers de graines torréfiées (orge, haricot, pois chiche, soja, etc.) Quant au "café National", il s'agissait d'un ersatz de café vendu moulu et auquel ils ajoutaient un peu de chicorée pour le colorer. Il fallait beaucoup d'imagination pour retrouver l'arôme et la saveur du vrai café !

Aujourd'hui, la chicorée existe toujours. Elle a survécu aux falsifications créées par les turbulences de l'Histoire. Elle conserve ses adeptes, surtout dans les pays du Nord et parmi ceux pour qui le café est médicalement déconseillé. Une législation lui est même réservée, qui ne permet plus les fraudes...

UNE DÉNOMINATION OFFICIELLE

Depuis le décret du 7 octobre 1932, les appellations de "chicorée" ou de "chicorée à café" désignent la racine de chicorée (*Cichorium intybus L.*) convenablement nettoyée, touraillée, concassée et tamisée. "Les racines mises en œuvre ne doivent avoir subi aucune addition, ni aucun retranchement de leurs principes constituants. [...]" Les seules opérations autorisées sont, d'une part, l'addition, au cours de la fabrication, de matières grasses alimentaires ou de sucre, glucose ou mélasse (3 % au plus) et, d'autre part, le blondissage à l'aide de poudre de chicorée additionnée au maximum de 3 % de lupin ou de matières amylacées.

Enfin, la teneur en humidité des paquets de chicorée ne doit pas excéder 15 % du poids net indiqué sur l'emballage.

En ce qui concerne les "extraits de chicorée" et la "chicorée soluble" ou "chicorée instantanée", la législation reprend, à peu de choses près, les mêmes termes que ceux utilisés dans la réglementation sur le café.

Pour 1 l environ.
Macération : 15 j.
Repos : quelques jours.

Vin de chicorée

1 l de bon vin rouge corsé
20 cl d'eau de vie à 40 °
3 cuil. à soupe de chicorée
35 morceaux de sucre
Le zeste d'1 citron
1 gousse de vanille.

Ajouter au vin rouge le zeste de citron, la gousse de vanille préalablement fendue, les morceaux de sucre et la chicorée. Laisser reposer pendant 2 semaines.

Filtrer la préparation. Y incorporer l'eau de vie. Mettre en bouteilles.

Attendre quelques jours avant de consommer l'apéritif obtenu.

Vous pouvez remplacer le zeste de citron par le zeste d'une orange.

DES BOISSONS RAFRAICHISSANTES

1 pers.
Prép. : 5 mn.

Café frappé

1 tasse de café fort
1 cuil. 1/2 à soupe de cognac
1 cuil. à soupe de sucre en poudre
2 cuil. à soupe de crème fraîche.

Mélanger le café, le cognac, le sucre en poudre et la crème fraîche dans un shaker.

Verser le tout dans un verre rempli de glace pilée au quart de sa hauteur.

Servir aussitôt.

6 pers.
Prép. : 10 mn.
Repos : 12 h.

Duchesse café

60 cl de café très fort
6 cuil. à soupe de cognac
6 cuil. à soupe de sucre en poudre
6 tasses de lait.

Mélanger le café chaud avec le sucre en poudre et le cognac. Laisser reposer pendant 12 heures.

Ajouter le lait bouilli et refroidi au mélange. Battre le tout au fouet. Filtrer.

Verser dans 6 grands verres, remplis de glace pilée, au quart de leur hauteur.

Servir aussitôt.

"Déjeuner avec une tasse de café au lait était un goût aristocratique, expliqué par le prix excessif auquel montèrent les denrées coloniales sous Napoléon. Si l'usage du sucre et du café constituait un luxe chez les parents, il annonçait parmi nous une supériorité vaniteuse qui aurait engendré notre passion, si la pente à l'imitation, si la gourmandise, si la contagion de la mode n'eussent pas suffi".

Honoré de Balzac, *Le Lys dans la vallée,* 1836

UNE PRESENTATION RAFFINEE

• Ces rafraîchissements qui se préparent le plus souvent avec un shaker exigent des verres hauts, réservés aux *longs drinks*, et se servent avec des pailles.

• Il est recommandé de placer les verres au réfrigérateur pendant 30 minutes, avant le service.

• On peut également givrer les verres. Il suffit, pour cela, avant de les remplir, d'en humecter légèrement le bord avec un peu d'eau ou, mieux, avec un filet de jus de citron, puis de le retourner sur une petite assiette garnie de sucre en poudre. Eventuellement, le recours à un sirop coloré à la place de l'eau ou du jus de citron, produira un givrage coloré du plus bel effet.

Brasilia

1 pers.
Prép. : 5 mn.

1 verre de café froid
2 cuil. à soupe de rhum ambré
2 cuil. à soupe de sucre en poudre
1 cuil. à soupe de sucre vanillé
1 cuil. à soupe de crème fraîche liquide
1 zeste de citron
Glace pilée.

Garnir un verre à haut bord de glace pilée, au tiers de sa hauteur. Verser le café. Ajouter successivement le sucre en poudre, le sucre vanillé, le rhum, le zeste de citron, puis la crème fraîche.

Laisser reposer pendant 1 minute avant de mélanger le tout avec une cuillère à long manche. Servir aussitôt.

Café des îles

6 pers.
Prép. : 15 mn.
Réfrigération : 5 à 6 h..

1 l de café fort
10 cl de rhum
10 cl de sirop de sucre de canne
1 orange
4 clous de girofle
1/2 cuillerée à café de cannelle en poudre.

Couper l'orange en quatre et piquer chaque quartier d'un clou de girofle.

Mettre les quartiers d'orange dans une casserole, avec le rhum, le sirop de sucre de canne et la cannelle. Porter à ébullition, sur feu doux, puis retirer du feu.

Incorporer la préparation au café froid. Laisser reposer au réfrigérateur pendant 5 à 6 heures.

Servir dans des grands verres garnis de glaçons.

3 pers.
Prép. : 5 mn.
Cuisson : 10 mn.
Repos : 2 h.

Café-chocolat

125 g de chocolat noir (en tablette)
1 verre de café léger
50 g de de sucre en poudre
50 cl de lait
Glace pilée.

Casser le chocolat en morceaux, puis le faire fondre au bain-marie. Lorsqu'il est bien lisse, y incorporer le lait. Faire chauffer sur feu doux, en veillant à ce que le mélange ne bout pas.

Hors du feu, ajouter le café et le sucre en poudre. Bien mélanger. Laisser refroidir. Servir très frais.

1 pers.
Prép. : 8 mn.

Flip au café

2 cuil. à soupe de café fort
2 cuil. à soupe de cognac (ou de rhum)
1 jaune d'œuf
1 cuil. à soupe de sucre en poudre
1 cuil. à soupe de crème fraîche
Glace pilée.

Battre au fouet le jaune d'œuf avec le sucre en poudre. Ajouter le cognac, la crème fraîche et le café, sans cesser de battre.

Verser le tout dans un verre rempli de glace pilée au quart de sa hauteur.

Servir aussitôt.

COFFEE COCKTAIL

"Mélanger, dans un shaker, deux jaunes d'œufs avec une cuillerée de sucre en poudre, qu'on amalgame avec un grand verre de café et un verre de cognac. Ajouter deux cuillerées de glace pilée, agiter vigoureusement le shaker et servir dans un grand verre. Saupoudrer la surface d'un peu de muscade râpée et envoyer avec un chalumeau de paille".

Alfred Suzanne, *La Cuisine et Pâtisserie anglaise et américaine*, 1904

3 pers.
Prép. : 8 mn.

Limonade au café

30 cl de café léger
200 g de sucre en poudre
Le jus d'1 citron 1/2.

Sucrer le café et le laisser refroidir.

Ajouter le jus de citron au café. Mélanger. Répartir dans 3 verres remplis de glace pilée au quart de leur hauteur.

Servir aussitôt.

Une autre formule, plus ancienne, consiste à mélanger 1 litre d'eau froide, 1 grand verre de café fort, le jus de 2 à 3 citrons, un peu de sucre en poudre et 2 à 3 verres de liqueur de café ou d'une autre liqueur de votre choix.

2 pers.
Prép. : 5 mn.

Lassi au café I

2 cuil. à soupe de café soluble
2 yaourts
50 g de sucre en poudre.

Mélanger les yaourts avec le café soluble et le sucre en poudre.

Répartir le mélange dans 2 grands verres. Compléter chaque verre avec 10 cl d'eau glacée.

Servir aussitôt.

3 pers.
Prép. : 8 mn.

Lassi au café II

20 cl de café léger
35 cl de yaourt
Quelques gouttes d'eau de fleur d'oranger
120 g de sucre en poudre
3 cuil. à soupe de crème fraîche.

Battre au fouet le yaourt avec le sucre en poudre. Ajouter 3 à 4 glaçons. Verser dessus le café froid, sans cesser de battre.

Incorporer ensuite quelques gouttes d'eau de fleur d'oranger.

Répartir la boisson dans 3 grands verres. Couvrir chacun d'eux de crème fraîche.

Servir aussitôt.

CAFÉ A LA CRÈME FRAPPÉ DE GLACE

"Vous faites une infusion assez forte de café moka ou de café bourbon, vous la mettez dans un bol en porcelaine, vous la sucrez convenablement et vous y ajoutez une égale quantité de lait bouilli ou le tiers d'une crème onctueuse.

Vous entourez ensuite le bol de glace pilée".

Alexandre Dumas, *Grand Dictionnaire de la Cuisine*

6 pers.
Prép. : 10 mn.
Cuisson : 5 mn.
Repos : 2 h.

Café-crème glacé

1 l de café assez fort
325 g de sucre en poudre
50 cl de lait
50 cl de crème fraîche.

Verser le café très chaud sur le sucre. Ajouter le lait bouillant. Bien remuer le tout jusqu'à ce que le sucre soit complètement dissous. Laisser refroidir 2 heures. Incorporer la crème fraîche.

Servir dans des verres, préalablement réfrigérés.

4 pers.
Prép. : 10 mn.
Réfrigération : 1 h. au moins.

Café glacé "granité" I

50 cl de café très fort
180 g de sucre en poudre.

Incorporer le sucre au café chaud. Laisser refroidir.
Verser le café dans un shaker, garni de petits glaçons. Secouer.
Répartir le mélange mousseux dans 4 verres. Servir aussitôt.

Vous pouvez aussi simplement verser le café fort sucré, préparé à l'avance, dans de hauts verres remplis de glace pilée.
Certains aimeront y ajouter 1 cuillerée à soupe d'alcool (rhum, vieux marc, ...).

3 pers.
Prép. : 10 mn.
Réfrigération : 1h. au moins.

Café glacé "granité" II

50 cl de café très fort
200 g de sucre en poudre.

Confectionner un sirop épais avec le sucre en poudre et un peu d'eau. Ajouter le sirop au café chaud. Laisser refroidir.
Verser dans un moule à glace et faire reposer au freezer, jusqu'à ce que le café ait pris aux deux tiers.
Bien mélanger le contenu du moule, en brisant la glace.
Remplir de hauts verres. Servir aussitôt.

4 pers.
Prép. : 10 mn.
Réfrigération : 1 h. au moins.

Café glacé "granité" III

30 cl de café très fort
125 g de sucre glace
25 cl de crème fleurette.

Incorporer le sucre au café chaud. Ajouter la crème. Bien mélanger et laisser refroidir.
Verser dans un moule et faire "prendre" au freezer, en se limitant à détacher le granité des parois du moule, à plusieurs reprises.
Placer des mazagrans au réfrigérateur pendant 1 heure.
Y répartir la préparation. Servir aussitôt.

Veillez à ne pas travailler la masse du granité pendant sa réfrigération sous peine de le faire blanchir.

2 pers.
Prép. : 10 mn.
Repos : 1 h.

Milk-shake au café

40 cl de lait
2 boules de glace au café
2 cuil. à café de café soluble
2 cuil. à soupe de crème Chantilly.

Délayer le café dans le lait chaud. Laisser refroidir 1 heure au frais.

Mixer le lait au café, la glace au café et la crème Chantilly. Verser le mélange dans 2 grands verres.

Servir aussitôt.

2 pers.
Prép. : 15 mn.
Cuisson : 5 mn.
Repos : 1 h.

Café glacé à l'orange I

25 cl de café fort
Le jus d'une orange
2 jaunes d'œufs
50 g de sucre en poudre
1/2 sachet de sucre vanillé
5 cl de crème fraîche
Un peu de zeste d'orange râpé.

Battre les jaunes d'œufs et le sucre en poudre jusqu'à obtention d'un mélange blanc et mousseux. Ajouter le café froid, sans cesser de battre. Incorporer ensuite le sucre en poudre et le sucre vanillé. Faire chauffer, sur feu doux, pendant quelques instants, en veillant à ce qu'elle ne bouille pas. Laisser refroidir 1 heure.

Mélanger la préparation avec le jus d'orange et la crème fraîche. Verser dans 2 grands verres garnis de glaçons. Parsemer de zeste d'orange râpé.

Servir aussitôt.

4 pers.
Prép. : 15 mn.
Repos : 1 h.

Café glacé à l'orange II

4 cuil. à soupe de café soluble
1 l d'infusion de feuilles d'oranger
4 cuil. à soupe de Cointreau
4 cuil. à soupe de sirop de sucre
4 rondelles d'orange.

Incorporer le café soluble et le sirop de sucre à l'infusion bouillante. Laisser refroidir 1 h.

Répartir la boisson dans 4 grands verres garnis de glace pilée. Ajouter le Cointreau. Décorer avec les rondelles d'orange placées à cheval sur le bord des verres.

Servir aussitôt.

"L'usage du café a été plus efficace que toute l'éloquence des moralistes pour détruire l'abus du vin dans les classes supérieures de la société."

Georges Cuvier

1 pers.
Prép. : 5 mn.

Café glacé au porto

1 cuil. à soupe de café très fort
2 cuil. à soupe de porto
1 cuil. à soupe de curaçao
1 cuil. à soupe de sucre en poudre.

Sucrer le café alors qu'il est très chaud. Laisser refroidir.

Mélanger au shaker le porto, le curaçao et le café. Verser dans un grand verre garni de 2 glaçons. Compléter avec 15 cl d'eau fraîche.

Servir aussitôt.

1 pers.
Prép. : 5 mn.

Café anisé

10 cl de café
3 cuillerées à soupe d'apéritif anisé.

Mélanger dans un shaker le café froid, l'apéritif anisé et 2 glaçons. Servir aussitôt dans un grand verre.

LES PREMIERES "MAISONS DE CAFÉ" A PARIS

Les débits de café furent, bien évidemment, le principal agent, de la démocratisation du café à la fin du XVIIe siècle. En 1672, un Arménien, Pascal, établit une petite boutique à la foire Saint-Germain. Il y débitait le breuvage à deux sous et demi la tasse. Son succès fut tel qu'après la foire, il ouvrit une nouvelle boutique quai de l'Ecole. Là, il ne fit pas les affaires escomptées et s'exila à Londres, où le café était connu depuis 1652 et où il en fit aussi commerce. Sur les traces de Pascal, l'arménien Maliban créa, à Paris, rue de Bucy, une "maison de café", qu'il devait céder à un dénommé Grégoire, lequel la transféra rue Mazarine, à proximité de l'ancienne Comédie-Française. Au bas du Quartier Latin, des cafés se créèrent. Ces lieux enfumés, souvent mal fréquentés, servaient un café plutôt médiocre.

Il fallut attendre 1684, année de l'ouverture, par le Sicilien Francesco-Procopiodei Coltelli, d'un café à la foire Saint-Germain pour que ce nouveau type de boutiques s'imposât véritablement. A l'inverse des lieux précédents, l'endroit était élégant, le café savoureux et le service irréprochable.Ce qui amena Procopio à s'installer définitivement rue des Fossés-Saint-Germain, en face de la Comédie, là où le Procope subsiste aujourd'hui. Le succès fut immédiat. Les "petits-maîtres" s'y faisaient conduire pour savourer "l'arôme nouveau"; les fermiers généraux y venaient attendre la sortie de leurs belles ; les comédiennes du théâtre du Roi, les dames de qualité elles-mêmes, tentées par les merveilles que l'on disait de la boisson parfumée, s'y firent mener par leurs gens. C'était là une grande innovation, car jamais jusque là, une femme de la société n'eût osé "s'encanailler" au point d'aller au café. Mais la curiosité féminine triomphe de tous les préjugés. Néanmoins, ces dames n'osèrent pas braver l'opinion mondaine jusqu'à pénétrer dans le lieu interdit, elles se contentèrent de faire arrêter leurs carrosses à la porte du Procope et de se faire apporter le liquide fumant sur des soucoupes en argent." Georges de Wissant, *Cafés et Cabarets*, 1928.

A travers l'évolution de ce café et des illustres personnages qui le fréquentèrent se lit toute l'histoire du café en tant que lieu et du rôle important qu'il ne cessa et ne cesse de jouer dans les domaines de la politique, des idées ou des arts. Des quelque 600 cafés que comptait déjà la France au milieu du XVIIIe siècle aux plus de 3000 qu'on pouvait dénombrer dans les années 1830, il est facile de déduire la vogue rencontrée par ce nouveau type d'endroits.

DES SIROPS ET DES LIQUEURS

Pour 2 l.
Prép. : 20 mn.
Repos : 2 à 3 jours.

Crème de café

1 l de cognac
250 g de grains de café concassés
1 kg de sucre en poudre.

Faire macérer le café dans le cognac pendant 2 à 3 jours.

Faire fondre le sucre dans 1 litre d'eau tiède.

Mélanger les deux préparations. Filtrer, puis mettre en bouteilles.

Pour 1 l.
Prép. : 20 mn.
Repos : 44 jours.

Liqueur 44

1 l d'eau- de-vie
44 grains de café
2 oranges non traitées
2 morceaux de sucre n°3
1 gousse de vanille.

Laver soigneusement les oranges, puis les sécher. Les inciser de façon à pouvoir introduire 22 grains de café dans chacune d'elle, entre la peau et la pulpe.

Mettre les oranges dans l'eau-de-vie avec le sucre et la gousse de vanille, préalablement fendue. Laisser macérer, à couvert, pendant 44 jours au moins, en ayant soin de remuer de temps en-temps pour que le sucre fonde complètement.

Retirer les oranges, les presser et en ajouter le jus à l'eau-de-vie.

Filtrer la liqueur. La mettre en bouteilles. Conserver au frais.

"*Coffee*, (which makes the Politicians wise,
And see thes'all things with his half-shut Eyes)
Sent up in Vapours to the Baron's Brain
New Stratagems, the radiant Lock to gain."
Soit :
"*Café,* (qui donne la sagesse aux Politiciens,
et leur fait distinguer ce que voile la nuit noire)
laissa, dans ses vapeurs, percevoir au Baron
de nouveaux stratagèmes, pour obtenir la lumineuse boucle."

Alexander Pope, *La Boucle dérobée*, 1712

Pour 5 cl.
Prép. : 30 mn.

Sirop de café I

125 g d'un excellent café corsé, finement moulu
1 kg de sucre en poudre.

Confectionner le café. Ajouter le sucre en poudre.
Faire cuire au boulé.
Laisser refroidir avant de mettre en bouteilles.

Pour 1 l.
Prép. : 20 mn.

Sirop de café II

1 l d'un excellent café très fort
(1 l d'eau pour 500 g de café)
1,5 kg de sucre en poudre.

Mettre le café et le sucre dans une casserole. Porter à ébullition, sur feu doux. Retirer alors du feu, puis laisser refroidir.

Mettre en bouteilles.

Pour 1,5 l.
Prép. : 10 mn.
Repos : 8 jours.

Ratafia de café

1 l d'eau-de-vie à 85 °C
250 g d'un excellent café corsé en grains, fraîchement torréfié
650 g de sucre en poudre.

Concasser les grains de café.

Faire macérer le café dans l'eau-de-vie, à couvert, dans un bocal, pendant 8 jours.

Filtrer l'alcool.

Confectionner un sirop avec le sucre en poudre et 75 cl d'eau.

L'ajouter à l'alcool. Laisser refroidir.

Mettre le ratafia en bouteilles.

"Le matin, de six heures et demie à neuf heures, on vous apporte dans votre cabine et à votre choix du thé ou du café noir. Le thé n'est pas buvable ; il est aussi noir et aussi fort que devrait l'être le café, qui, à son tour, est aussi faible et aussi pâle que devrait l'être le thé.

"Pour remédier à ce mal, je prenais chaque matin un ou deux verres d'excellent madère dont j'avais fait provision avant de m'embarquer, et je mouillais dans cette topaze liquide quelques biscuits de Reims ; ceci remplaçait avantageusement pour moi les brouets écœurants que nos voisins d'outre-Manche décorent à bord des noms purement illusoires de *tea* et de *coffee*".

Alfred de Marton, *La vie à bord des steamers*,
in *La Cuisinière poétique* de Charles Monselet, 1859

LE CAFÉ EST-IL UN "POISON LENT" ?

" Le café est un breuvage qui fait dormir, quand on n'en prend pas."
Alphonse Allais

A l'instar du chocolat et du thé, autres boissons "voluptueuses" venues de lointains horizons, le café fut d'abord considéré comme une sorte de médicament, auquel on prêta les plus grandes qualités comme les pires effets. Il suscita donc maintes controverses dont les écrits des XVIIe et XVIIIe siècles portent la marque. En premier lieu, son caractère de stimulant de l'esprit fut reconnu par tous. Dès la fin du XVIIe, Nicolas de Blégny lui attribuait la faculté de désenivrer, ainsi que de renforcer la mémoire et le jugement. Et d'affirmer aussi qu'il donnait "à la volonté une liberté entière pour diriger les actions volontaires, en rectifiant toutes les dispositions taciturnes & mélancoliques". Ce rôle d'excitant devait lui valoir, en revanche, d'être accusé de provoquer l'insomnie.

Dans la trente-troisième de ses *Lettres Persanes* (1721), Montesquieu fait, lui aussi, allusion à cet éveil provoqué par le café : "L'âme, unie avec le corps, en est sans cesse tyrannisée. Si le mouvement du sang est trop lent ; si les esprits ne sont pas assez épurés ; s'ils ne sont pas en quantité suffisante : nous tombons dans l'accablement et dans la tristesse. Mais, si nous prenons des breuvages qui puissent changer cette disposition de notre corps, notre âme redevient capable de recevoir des impressions qui l'égayent, et elle sent un plaisir de voir sa machine reprendre, pour ainsi dire, son mouvement et sa vie." Cela explique qu'artistes et écrivains comptèrent parmi ses premiers adeptes inconditionnels. En revanche, comme Balzac allait l'affirmer, les sots devenaient plus ennuyeux encore lorsqu'ils avaient bu du café, sans doute parce qu'ils gagnaient en loquacité. Et, curieusement, l'écrivain, qui faisait une forte consommation de café, n'en méconnaissait pas les dangers, dont il fit état dans sa *Pathologie de la vie sociale.*

Aujourd'hui, le café est médicalement reconsidéré sous un angle plus juste. C'est, en fait, un produit extrêmement complexe. Parmi ses innombrables constituants, on peut recenser : l'eau (6 à 13 % pour le café vert, 5 % pour le café torréfié), des sucres (5 à 10 %), des matières grasses (10 à 17 %), des matières minérales (potassium, calcium, magnésium, phosphore, en faibles quantités) et un alcaloïde, la *caféine*. Cette dernière, qui se trouve en moindre quantité dans l'*Arabica* (0,8 à 1,6 %) que dans le *Robusta* (1,4 à 2,5 %), est un stimulant du système nerveux. Elle augmente la vigilance, favorise la concentration, fait reculer le sommeil, abaisse la tension du liquide céphalo-rachidien et, de ce fait, peut intervenir positivement contre certaines céphalées. Le café stimule la digestion, joue un rôle de vasodilatateur coronarien, est indiqué pour l'hypotension, l'angine de poitrine, la fatigue, etc.

Néanmoins, il ne faut pas en abuser, d'autant qu'une consommation régulière crée une accoutumance vis-à-vis de la caféine. Nous ne réagissons pas tous de la même manière et, connaissant son seuil d'absorption (3 tasses par jour pour les uns, plus pour d'autres et moins pour certains), il est facile de le respecter pour ne pas voir se produire des désagréables symptômes : tachycardie, tremblements nerveux, manifestations d'anxiété, etc. D'aucuns préconisent, à l'instar des Brésiliens, gros buveurs de café, de sucrer fortement cette boisson, pour neutraliser l'action de la caféine sur le système nerveux. Mais l'ajout de sucre ou de lait ralentit la digestibilité du breuvage. Quoi qu'il en soit, il est incontestable que le café devient toxique à partir d'une consommation quotidienne de six tasses !

Le lien de cause à effet existant entre l'excès de café et l'attaque cardiaque est désormais réfuté en partie. Car c'est là reléguer dans l'ombre des paramètres qui, chez l'individu concerné, peuvent s'associer à la consommation de café : l'âge, le tabac et l'alcool. Certes, boire plus de six tasses par jour constitue un risque... Comme l'a expliqué le cardiologue américain Thomas Pearson, le café accélère le rytme cardiaque, mais il augmente aussi le taux de cholestérol. Deux facteurs à l'origine de maladies du cœur.

Quant aux troubles gastro-intestinaux attribués à l'abus de caféine, ils n'ont pas été confirmés par les récentes recherches effectuées dans ce domaine. Une seule contre-indication : les ulcères.

Enfin, soupçonné de provoquer des cancers du pancréas, du rein ou de la vésicule, le café doit cette accusation à la présence de benzopyrènes, générés par la torréfaction. Là aussi, les spécialistes ne s'accordent pas et, dans le doute, mieux vaut ne pas dépasser les cinq tasses par jour.

A la lumière de ces constatations, on ne dégustera avec plaisir sa tasse de café que si l'on sait que :

- une tasse de café fort comporte 200 à 250 mg de caféine dans le cas du *Robusta* et 80 à 100 mg dans le cas de l'*Arabica* ;
- le café soluble contient un tiers de moins de caféine que le café moulu ;
- une tasse de décaféiné ne renferme que 10 mg de caféine ;
- un dessert au café (crème, par exemple) comporte quelque 20 mg de caféine ;
- qu'il faut proscrire tout café intensément torréfié ;
- et que, pour éliminer la moitié de la caféine absorbée, il faut 3 heures pour une femme, de 6 à 20 heures pour une femme enceinte (selon l'avancement de la grossesse), 4 à 6 heures pour un homme, 3 à 5 heures pour un individu qui fume et 7 jours pour un fort buveur de café. Des chiffres qui invitent à être raisonnable...

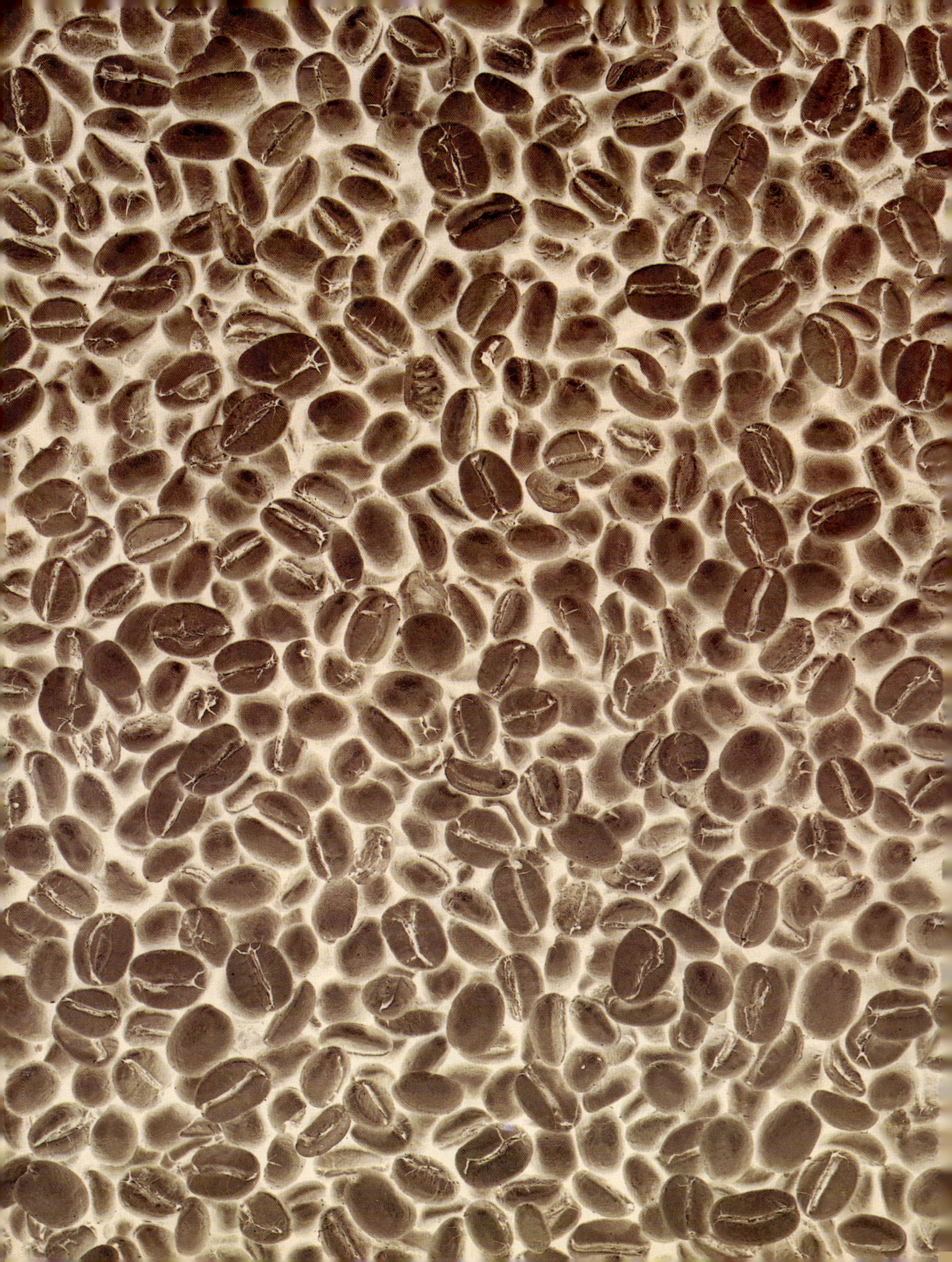

DES ENTREMETS

6 pers.
Prép. : 5 mn.
Cuisson : 20 mn.

Crème anglaise au café

6 jaunes d'œufs
150 g de sucre en poudre
75 cl de lait
3 cuillerées à soupe de café très fort.

Battre les jaunes d'œufs avec le sucre jusqu'à obtention d'un mélange blanc et mousseux. Ajouter le lait chaud en filet sans cesser de battre.

Faire épaissir la crème, sur feu doux, en remuant sans arrêt. La crème est parfaite lorsqu'elle nappe la cuillère en bois.

Ajouter alors le café et laisser refroidir.

Cette crème accompagnera délicieusement charlottes, gâteau de Savoie, biscuits au chocolat, salade de kiwis.

UNE CREME ANGLAISE ORIGINALE

Faites fondre du chocolat dans du lait chaud. Ajoutez au lait chocolaté de l'extrait de café, puis du caramel dilué dans un peu d'eau et, enfin, 1 gousse de vanille fendue. Faites épaissir sur feu doux, sans cesser de remuer.

Attention, vanille, café, chocolat et caramel doivent être utilisés en proportions identiques, de façon qu'un arôme ne puisse pas l'emporter sur l'autre !

6 pers.
Prép. : 15 mn.
Cuisson : 15 mn.

Crème au beurre moka

1 tasse de café fort
125 g de beurre
3 jaunes d'œufs
1/2 cuil. à café de fécule
3 cuil. à soupe de sucre en poudre.

Battre les jaunes d'œufs avec le sucre en poudre, jusqu'à obtention d'un mélange blanc et mousseux. Ajouter la fécule. Bien mélanger. Ajouter le café, sans cesser de battre. Faire épaissir la préparation, sur feu doux, en veillant à ce qu'elle ne bout pas.

Lorsque la crème a la consistance souhaitée, y incorporer peu à peu le beurre ramolli, en travaillant vivement au fouet jusqu'à ce que la crème commence à prendre.

Utiliser aussitôt cette crème pour fourrer une génoise ou un biscuit de Savoie.

Une autre méthode consiste à faire ramollir 125 g de beurre, puis à le travailler en mousse, en lui incorporant peu à peu 125 g de sucre en poudre et 1 cuillerée à soupe d'extrait de café.

6 à 8 pers.
Prép. : 20 mn.
Cuisson : 40 mn.
Réfrigération : 3 h.

Crème au café

6 jaunes d'œufs
1 blanc d'œuf
200 g de sucre en poudre
1 l de lait
4 cuil. à soupe d'extrait de café
10 g de beurre.

Porter le lait à ébullition. Ajouter le sucre en poudre et l'extrait de café. Laisser tiédir.

Préchauffer le four à 150 °C (th. 5) et remplir d'eau la lèchefrite.

Battre ensemble les jaunes d'œufs et le blanc. Incorporer le lait aromatisé au café, en filet, sans cesser de battre.

Verser la crème dans des ramequins beurrés. Faire cuire au four, à mi-hauteur, dans le bain-marie frémissant, pendant 40 minutes. Laisser ensuite refroidir.

Réserver les ramequins au réfrigérateur pendant 3 heures avant de servir.

UN DESSERT AUX DEUX CREMES

Répartissez simultanément 2 crèmes dans des coupes individuelles, l'une au chocolat et l'autre au café, en ayant soin de ne pas les mélanger – cela donnera un bel effet marbré... Couvrez ensuite de crème fouettée ou de crème Chantilly. Servez frais.

6 à 8 pers.
Prép. : 20 mn.
Cuisson : 10 mn.
Réfrigération : 3 h.

Crème arlequin

100 g de sucre en poudre
50 cl de lait
50 cl de chocolat épais, sucré et vanillé
3 feuilles de gélatine
2 cuil. à soupe d'extrait de café.

Faire tremper les feuilles de gélatine dans un peu d'eau, pour qu'elles ramollissent.

Porter 50 cl de lait à ébullition. Ajouter l'extrait de café. Y faire fondre 2 feuilles de gélatine. Ajouter le sucre en poudre. Bien mélanger. Laisser tiédir.

Incorporer la feuille de gélatine restante au chocolat chaud.

Huiler un moule à flanc. Y alterner les couches de chocolat et de café, en ayant soin de faire "prendre" au frais à chaque nouvelle couche. Laisser ensuite reposer au réfrigérateur pendant 3 heures au moins.

Démouler la crème sur un plat et servir.

6 pers.
Prép. : 15 mn.

Crème de gourmet

8 petits suisses
50 g de noisettes en poudre
Quelques cerneaux de noix
150 g de sucre en poudre
2 cuil. à soupe d'extrait de café.

Travailler les petits suisses avec le sucre en poudre et l'extrait de café, jusqu'à obtention d'une préparation homogène.

Ajouter les noisettes en poudre. Bien mélanger. Répartir dans des coupes individuelles.

Laisser reposer quelques instants au réfrigérateur. Décorer avec les cerneaux de noix. Servir.

3 pers.
Prép. 10 mn.
Cuisson : 10 mn.

Sabayon

5 jaunes d'œufs
90 g de sucre en poudre
1/2 verre de liqueur de café
1 cuil. à soupe de jus de citron.

Mettre dans une casserole à fond épais les jaunes d'œufs, le sucre en poudre, la liqueur, 1/2 verre d'eau chaude et le jus de citron. Battre au fouet sur feu doux, jusqu'à ce que le mélange forme une mousse épaisse.

Servir aussitôt dans des verres.

Le sabayon se prépare à la dernière minute, juste au moment de consommation.

PARFUM CAFÉ

Si, en dehors des recettes de cet ouvrage, vous êtes tenté(e) de parfumer au café l'un ou l'autre de vos desserts, plusieurs formules s'offrent à vous :

- le café soluble en poudre convient parfaitement et s'avère même indispensable dans le cas d'une pâte non fluide. Il suffit de délayer 1 cuillerée à soupe pleine dans quelques gouttes d'eau pour obtenir un concentré destiné à aromatiser 1 litre de crème. Sachez qu'une cuillerée à soupe de café soluble équivaut environ à 3 cuillerées à soupe de café fort ;
- rien ne vous empêche, s'il s'agit d'une crème, de confectionner un café très fort en doublant ou triplant la dose normale. Complétez ensuite avec du lait pour obtenir 1 litre de liquide et confectionner la crème ;
- vous pouver aussi utiliser des grains de café (75 g pour 1 litre), que vous concassez grossièrement, puis faites chauffer, à sec, dans une poêle. Ajoutez ensuite le café au lait bouillant et laissez infuser, à couvert, pendant une quinzaine de minutes. Filtrez avant d'utiliser ce lait aromatisé pour préparer la crème ;
- en ce qui concerne l'extrait de café, (*v. p.*137)
- pour les desserts parfumés avec une infusion de café, il est préférable de n'incorporer le café qu'après cuisson de façon à lui conserver tout son arôme.
- café et chocolat s'accordent merveilleusement. Les entremets au chocolat seront plus raffinés si vous faites fondre le chocolat dans un peu de café très fort. Par exemple, la mousse au chocolat.
- café et rhum font excellent ménage. Pensez à les associer dans la confection de vos desserts.

6 pers.
Prép. : 20 mn.
Cuisson : 5 mn.
Réfrigération : 1 h.

Délice au café

100 g de sucre en poudre
30 cl de crème fraîche épaisse
10 cl de lait
1 à 2 cuil. à soupe d'extrait de café
2 feuilles de gélatine.

Faire tremper les feuilles de gélatine dans un peu d'eau froide, pour qu'elles ramollissent.

Les égoutter, puis les mettre dans une casserole, avec 5 cl d'eau. Porter à ébullition sur feu doux, sans cesser de remuer. Lorsque la gélatine est fondue, ajouter le sucre en poudre et l'extrait de café. Bien mélanger. Laisser refroidir, en ayant soin de remuer souvent.

Battre au fouet la crème fraîche avec le lait.

Incorporer délicatement la préparation à base de gélatine à la crème fouettée.

Verser la crème dans une coupe à entremets. Faire "prendre" au réfrigérateur pendant 1 heure.

ENTREMETS EXPRESS

Il existe dans le commerce des crèmes en boîte qui, sans rivaliser avec les préparations "maison", n'en sont pas moins savoureuses et ont pour avantage de dépanner la maîtresse de maison appelée à réaliser un repas impromptu. En outre, il est facile, en 5 à 10 minutes au plus, de faire d'une simple crème au café en conserve un délicieux dessert... Un peu d'imagination suffit :

- mettez dans des coupes individuelles 2 cuillerées à soupe de crème au café. Parsemez de biscuits champagne, taillés en morceaux d'environ 1 cm de long. Couvrez avec le reste de crème. Parsemez d'amandes effilées, préalablement grillées à sec, à la poêle, pendant 2 minutes. Réservez au réfrigérateur jusqu'au moment de servir ;
- remplissez des coupes individuelles avec des couches alternées de crème au café et de crème à la vanille ou versez les deux crèmes à la fois, en veillant à ce qu'elles ne se mélangent pas. Terminez par la crème à la vanille et décorez avec des grains de café "confiseur" ;
- pensez à l'association café-vanille-chocolat, des plus heureuses ;

Pour la décoration, ayez recours aux mêmes suggestions que celles formulées pour les glaces.

6 pers.
Prép. : 15 mn.
Cuisson : 15 à 20 mn.

Ile flottante au café

6 blancs d'oeufs
160 g de sucre en poudre
75 cl de crème anglaise au café (v. p. 96).

Battre les blancs d'œufs en neige, puis ajouter 80 g de sucre en poudre et continuer de battre, en veillant à ne pas casser la neige.

Préparer un caramel avec le reste de sucre et 3 cuillerées à soupe d'eau. Dès qu'il est prêt, en tapisser soigneusement un moule à savarin.

Déposer les blancs en neige dans le moule. Faire cuire au bain-marie, au four, à mi-hauteur, pendant 15 à 20 minutes.

Laisser refroidir. Démouler dans un plat creux, garni de la crème anglaise.

Vous pouver décorer avec des grains de café en chocolat. Et si vous souhaitez rehausser l'arôme du café, ajoutez 1 cuillerée à café de café soluble aux blancs d'œufs en neige.

4 à 6 pers.
Prép. : 30 mn.
Cuisson : 50 mn.
Réfrigération : 3 h.

Crème brésilienne

100 g de chocolat noir (en tablette)
Cacao en poudre
3 œufs
100 g de sucre en poudre
50 cl de lait
1 cuil. à soupe de rhum
1 cuil. à soupe d'extrait de café
Sel.

Briser le chocolat en petits morceaux et le faire fondre dans le lait, sur feu doux. Y ajouter 30 g de sucre en poudre et 1 pincée de sel. Porter à ébullition, puis retirer du feu.

Battre vivement les œufs. Verser dessus le lait chocolaté en filet, sans cesser de battre, puis ajouter le rhum et l'extrait de café. Bien mélanger.

Préchauffer le four à 180 ° C (th. 5).

Préparer un caramel avec le reste de sucre et 4 cuillerées à soupe d'eau. En tapisser soigneusement un moule à crème renversée. Laisser refroidir.

Remplir le moule caramélisé avec la crème. Faire cuire au bainmarie, au four, pendant 50 minutes.

Laisser refroidir, puis réserver au réfrigérateur jusqu'au moment de servir.

Tremper le fond du moule dans de l'eau bouillante. Démouler la crème sur un plat. Saupoudrer de cacao.

Servir aussitôt.

6 pers.
Prép. : 20 mn.
Cuisson : 5 mn.
Réfrigération : 4 à 5 h.

Mousse brésilienne

150 g de chocolat noir (en tablette)
3 cuil. à soupe de café très fort
2 cuil. à soupe de café soluble
25 g de beurre
6 œufs
25 cl de crème fraîche
150 g de sucre en poudre.

Casser le chocolat en morceaux, puis le faire fondre avec le café au bain-marie.

Lorsqu'il est bien lisse et crémeux, y incorporer le beurre, puis 75 g de sucre en poudre.

Incorporer les jaunes d'œufs, un à un, à la préparation à base de chocolat.

Battre les blancs d'œufs en neige ferme. Les incorporer délicatement à la crème.

Verser dans une coupe à entremets. Faire "prendre" au réfrigérateur pendant 4 à 5 heures.

Trente minutes avant de consommer la mousse, battre au fouet la crème fraîche avec le reste de sucre et le café soluble.

Napper la mousse de crème fouettée. Réserver au réfrigérateur jusqu'au moment de servir.

4 pers.
Prép. : 15 mn.

Fromage blanc au café I

500 g de fromage blanc
2 à 3 cuil. à café d'extrait de café
100 g de sucre en poudre
1 sachet de sucre vanillé
Copeaux de chocolat.

Battre au fouet le fromage blanc avec l'extrait de café, le sucre en poudre et le sucre vanillé, jusqu'à obtention d'une préparation lisse et homogène.

Répartir dans des coupes individuelles. Parsemer de copeaux de chocolat. Servir aussitôt.

Vous pouvez remplacer les copeaux de chocolat par de fines rondelles de kiwi ou des demi-fraises, selon votre goût.

4 pers.
Prép. : 15 mn.
Réfrigération : 3 à 4 h.

Fromage blanc au café II

300 g de fromage blanc
1 cuil. à soupe d'extrait de café
3 blancs d'œufs
75 g de sucre en poudre.

Mélanger l'extrait de café avec le fromage blanc.

Battre les blancs d'œufs en neige ferme avec 1 pincée de sel. Ajouter le sucre en poudre, peu à peu, sans cesser de battre.

Incorporer délicatement les blancs en neige au fromage aromatisé.

Verser la mousse dans une coupe et réserver au réfrigérateur pendant 3 à 4 heures.

"Virginie venait de servir, suivant l'usage du pays, du café et du riz cuit à l'eau. Elle y avait joint des patates chaudes et des bananes fraîches. Il y avait pour toute vaisselle des moitiés de calebasse, et pour linge des feuilles de bananier".

Bernardin de Saint-Pierre, *Paul et Virginie,* 1787

4 pers.
Prép. : 15 mn.
Réfrigération : 4 à 5 h.

Mousse au café I

4 blancs d'œufs
200 g de sucre en poudre
4 cuil. à soupe de lait
1 à 2 cuil. à soupe d'extrait de café
20 cl de crème fraîche.

Battre au fouet la crème fraîche avec le lait froid. Ajouter 50 g de sucre en poudre.

Battre les blancs d'œufs en neige ferme. Incorporer le reste du sucre et l'extrait de café sans cesser de battre.

Mélanger délicatement la crème fouettée et la neige.

Verser dans une coupe à entremets. Faire " prendre" au réfrigérateur pendant 4 à 5 heures.

4 pers.
Prép. : 15 mn.
Cuisson : 5 mn.
Réfrigération : 4 à 5 h.

Mousse au café II

2 œufs
100 g de sucre en poudre
50 cl de lait
1 cuil. à soupe d'extrait de café
1 cuil. à soupe de fécule.

Porter à ébullition 45 cl de lait, additionné de sucre en poudre.

Délayer la fécule dans le reste de lait froid. L'ajouter au lait sucré. Faire chauffer sur feu doux, sans cesser de remuer, jusqu'à épaississsement du mélange. Laisser ensuite refroidir.

Séparer les blancs d'œufs des jaunes. Ajouter à la préparation l'extrait de café, puis les jaunes d'œufs.

Battre les blancs d'œufs en neige ferme et les incorporer délicatement.

Verser dans une coupe à entremets. Faire "prendre" au réfrigérateur pendant 4 à 5 heures.

6 pers.
Prép. : 15 mn.
Réfrigération : 4 h.

Mousse au café III

6 petits-suisses
4 blancs d'œufs
125 g de sucre en poudre
1 cuil. à soupe d'extrait de café
Grains de café en chocolat.

Battre les petits-suisses avec le sucre en poudre jusqu'à obtention d'une préparation légère.

Battre les blancs d'œufs en neige ferme, puis les incorporer délicatement au mélange précédent.

Ajouter l'extrait de café.

Répartir la mousse dans des coupelles ou des ramequins.

Faire "prendre" au réfrigérateur pendant 4 heures.

Décorer avec les grains de café en chocolat.

4 à 6 pers.
Prép. : 30 mn.
Cuisson : 30 mn.
Réfrigération : 2 h.

Charlotte au café I

20 à 25 biscuits à la cuiller
3 jaunes d'œufs
150 g de sucre en poudre
30 cl de crème fraîche épaisse
25 cl de lait
1 cuil. 1/2 à soupe d'extrait de café
3 feuilles de gélatine
Beurre.

Porter à ébullition 20 cl de lait additionné de l'extrait de café.

Battre les jaunes d'œufs avec le sucre en poudre jusqu'à obtention d'un mélange blanc et mousseux.

Faire tremper les feuilles de gélatine dans un peu d'eau froide, pour qu'elles ramollissent.

Incorporer peu à peu le lait aromatisé bouillant au mélange œufs-sucre, sans cesser de remuer. Egoutter la gélatine et l'ajouter.

Faire épaissir, sur feu doux, sans cesser de remuer, jusqu'à ce que la préparation nappe la spatule. Laisser ensuite refroidir, en ayant soin de remuer souvent.

Battre au fouet la crème fraîche avec le reste de lait. Incorporer la crème fouettée à la préparation froide.

Beurrer un moule à charlotte. Le chemiser soigneusement de biscuits à la cuiller, en entaillant certains pour que le bord soit bien droit. Remplir avec l'appareil précédent. Lisser la surface. Parsemer de miettes de biscuits.

Placer la charlotte au frais pendant 2 heures au moins.

La retirer du réfrigérateur 10 minutes avant de la consommer. La démouler sur un plat à gâteau. Servir aussitôt.

Vous pouvez parfumer la crème anglaise refroidie avec quelques gouttes d'alcool pour en rehausser la saveur. Liqueur de café, crème de café ou rhum conviennent parfaitement.

4 à 6 pers.
Prép. : 30 mn.
Réfrigération : 3 h.

Charlotte au café II

25 à 30 biscuits à la cuiller
175 g de beurre
1 œuf
125 g de sucre glace
10 cl de rhum
1 cuil. à soupe d'extrait de café.

Travailler le beurre ramolli avec une spatule en bois, jusqu'à ce qu'il devienne crémeux.

Battre le beurre avec le sucre glace, l'œuf et l'extrait de café, de façon à obtenir un mélange homogène.

Mettre le rhum dans une assiette creuse avec 25 cl d'eau.

Beurrer un moule à charlotte. Le chemiser soigneusement de biscuits à la cuiller, préalablement imbibés, du côté lisse, avec le mélange rhum-eau. Tailler les biscuits pour que le bord soit bien droit. Remplir avec l'appareil précédent et le reste de biscuits (coupés en morceaux), en couches alternées.

Placer la chalotte au frais pendant 3 heures au moins.

La retirer du réfrigérateur ou du congélateur 10 minutes avant de la consommer. La démouler sur un plat à gâteau.

Servir aussitôt.

4 à 6 pers.
Prép. : 30 mn.
Cuisson : 30 mn.
Réfrigération : 3 h.

Bavarois au café

3 jaunes d'œufs
150 g de sucre en poudre
Sucre glace
30 cl de crème fraîche épaisse
35 cl de lait
2 cuil. 1/2 à soupe d'extrait de café
6 feuilles de gélatine
Huile.

Faire tremper les feuilles de gélatine dans un peu d'eau froide, pour qu'elles ramollissent.

Porter à ébullition 25 cl de lait additionné de l'extrait de café.

Battre les jaunes d'œufs avec le sucre en poudre jusqu'à obtention d'un mélange blanc et mousseux.

Incorporer peu à peu le lait aromatisé bouillant au mélange œufs-sucre, sans cesser de remuer. Egoutter la gélatine et l'ajouter.

Faire épaissir, sur feu doux, sans cesser de remuer, jusqu'à ce que la crème anglaise nappe la spatule. La laisser ensuite refroidir, en ayant soin de remuer souvent.

Battre au fouet la crème fraîche avec le reste de lait. Incorporer la crème fouettée à la crème anglaise froide.

Huiler un moule et le saupoudrer de sucre glace tamisé. Le remplir avec l'appareil précédent. Lisser la surface.

Placer le bavarois au réfrigérateur pendant 3 heures au moins.

Plonger le moule dans de l'eau chaude, pendant 5 secondes environ. Démouler sur un plat à gâteau. Servir aussitôt.

Vous pouvez déposer quelques marrons glacés autour du bavarois. Sa présentation y gagnera en raffinement.

NE PAS CONFONDRE

Le Procope, où les Parisiens prirent véritablement goût au café, était aussi fréquenté, au XVIIIe siècle, par de nobles étrangers. C'était le lieu à la mode où il convenait de faire halte. Ainsi les princes de Bavière comptaient-ils parmi les habitués de l'endroit. Ils y introduisirent même leur boisson favorite dont ils ne savaient se priver hors de leur pays. Celle-ci, composée d'un jaune d'œuf délayé dans du thé fort, de lait, d'un peu d'alcool et de sirop capillaire, fut alors baptisée du nom de *bavaroise*. Et Paris y prit goût, substituant bientôt au thé, le café ou le chocolat, qui faisaient fureur à l'époque.

Quant au *bavarois*, il s'agit d'un entremets à base de crème anglaise, de gélatine et de crème fouettée, sans rapport avec le précédent breuvage.

6 pers.
Prép. : 30 mn.
Cuisson : 30 à 40 mn.
Macération : 2 h.
Réfrigération : 12 h.

Diplomate

200 g de biscuits à la cuiller
100 g de fruits confits
30 g de raisins secs
2 œufs
3 jaunes d'œufs
180 g de sucre en poudre
50 cl de lait
8 cl de rhum
1 cuil. à soupe d'extrait de café.

Tailler les fruits confits en dés, puis les faire tremper avec des raisins secs dans le rhum pendant 2 heures.

Préparer un caramel avec 70 g de sucre en poudre et 4 cuillerées à soupe d'eau. En chemiser soigneusement un moule à charlotte. Laisser refroidir.

Préchauffer le four à 180 ° C (th. 6).

Egoutter les fruits confits et les raisins secs. Ajouter au rhum de macération 30 g de sucre en poudre et un peu d'eau.

Chemiser soigneusement les parois du moule de biscuits à la cuiller, préalablement imbibés avec le mélange rhum-eau-sucre. Tailler les biscuits pour que le bord soit bien droit. Garnir le fond avec les fruits confits, les raisins secs et des morceaux de biscuits imbibés.

Porter à ébullition le lait, additionné du reste de sucre en poudre et de l'extrait de café. Hors du feu, ajouter, un à un, les œufs entiers et les jaunes d'œufs, en ayant soin de battre vivement.

Verser la crème obtenue dans le moule. Faire cuire au bain-marie, au four, pendant 30 à 40 minutes.

Laisser refroidir, puis réserver au réfrigérateur pendant 12 heures.

Démouler. Servir avec une crème anglaise au café *(v. p. 96)*

6 pers.
Prép. : 40 mn.
Cuisson : 1 h.
Repos : 2 h.

Pudding au café

350 g de pain rassis (en dés)
100 g de raisins secs
4 œufs
4 jaunes d'œufs
200 g de cassonade
1 l de lait
10 cl de café fort
2 cuil. à soupe de rhum
1 pincée de cannelle en poudre
10 g de beurre
Confiture d'abricots.

Laisser gonfler les raisins secs quelques instants dans le rhum.

Préchauffer le four à 180 ° C (th. 6).

Faire tremper les dés de pain dans le lait bouillant, additionné du café. Réduire le mélange en une très fine pâte, avec une moulinette. Ajouter la cassonade, la cannelle, les jaunes d'œufs et les œufs entiers. Bien travailler le tout. Y incorporer enfin les raisins secs égouttés.

Verser la pâte dans un moule à pudding beurré. Faire cuire au bain-marie, au four, à mi-hauteur, pendant 1 heure.

Démouler le pudding et le laisser refroidir. Le napper de confiture d'abricots, préalablement liquifiée sur feu doux.

Laisser reposer pendant 2 heures, au frais, avant de servir.

UNE CAFETIERE "FANTASTIQUE"

Etrange aventure que celle inspirée à Théophile Gautier par *La Cafetière,* en 1875 ! Ce récit, englobé dans les *Contes Humoristiques*, relate un séjour fictif effectué par l'auteur avec deux de ses amis dans une maison de Normandie. Un séjour pour le moins mouvementé, puisqu'au cours de la nuit les divers objets s'animèrent sous les yeux ensommeillés du narrateur. Même la cafetière prit vie : elle "se jeta en bas d'une table où elle était posée, et se dirigea, clopin-clopant, vers le foyer, où elle se plaça entre les tisons. [...]". Puis ce fut au tour des personnages des tableaux de sortir des cadres. "Ces dignes personnages s'assirent ; la cafetière sauta légèrement sur la table. Ils prirent le café dans des tasses du Japon blanches et bleues, qui accoururent spontanément de dessus un secrétaire, chacune d'elles munie d'un morceau de sucre et d'une petite cuiller d'argent.

"Quand le café fut pris, tasses, cafetière et cuillers disparurent à la fois, et la conversation commença [...]".

Le lendemain de cette nuit étrangement "habitée", l'auteur, fort troublé, fut pris de l''envie de dessiner et, curieusement surgit, sous la pointe de son crayon, "avec la plus merveilleuse exactitude la cafetière qui avait joué un rôle si important dans les scènes de la nuit". Et le conte s'achève, aux confins du rêve et de la réalité...

4 pers.
Prép. : 30 mn.
Cuisson : 30 mn.
Repos : 10 mn.

Soufflé au café

5 g de café en grains
5 g de beurre
3 jaunes d'œufs
5 blancs d'œufs
125 g de sucre en poudre
Sucre glace
25 g de crème de riz
25 cl de lait
Sel fin.

Faire chauffer les grains de café au four, puis les ajouter au lait bouillant, hors du feu, et laisser infuser pendant 10 minutes.

Battre les jaunes d'œufs au fouet, avec 100 g de sucre en poudre. Ajouter la crème de riz. Incorporer peu à peu le lait aromatisé, débarrassé des grains de café.

Faire chauffer le mélange, sur feu doux, sans cesser de remuer. Retirer du feu dès l'ébullition. Laisser refroidir cette crème, en ayant soin de la remuer de temps en temps.

Préchauffer le four à 200 °C (th. 7).

Beurrer un moule à soufflé et le saupoudrer de sucre en poudre.

Battre les blancs d'œufs en neige ferme, avec 1 pincée de sel. Ajouter le reste de sucre en poudre. Continuer de battre un peu.

Incorporer les blancs d'œufs à la crème refroidie. Verser l'appareil dans le moule. Saupoudrer de sucre glace. Faire cuire au four à mi-hauteur, pendant 20 minutes. Servir aussitôt.

Faire chauffer les grains de café au four, puis les faire infuser dans le lait bouillant.

Verser le lait aromatisé sur les jaunes d'œufs battus avec 100 g de sucre. Travailler avec la crème de riz.

Incorporer les blancs d'œufs montés en neige et additionnés du reste de sucre à la crème refroidie.

Verser dans le moule. Saupoudrer de sucre glace. Faire cuire.

LE CAFÉ DANS L'ART

Ennemi de la somnolence et stimulateur de l'activité intellectuelle, le café ne pouvait que s'attirer la faveur des écrivains et des artistes, en perpétuelle quête d'excitants pour leur talent créateur. Cela se fit très tôt, dès les débuts de cette boisson en Europe. Fontenelle, qui en faisait une forte consommation, n'en abrégea pas pour autant son existence, puisqu'il vécut centenaire. Sur ses traces, Voltaire en buvait plusieurs fois par jour et aimait à le marier avec du chocolat. Carlo Goldoni en raffolait également et alla jusqu'à lui consacrer une de ses comédies de mœurs, *La Bottega del caffè*. Quant à Balzac, la légende veut qu'il en ait absorbé cinquante mille tasses pendant l'écriture de sa *Comédie Humaine* ; il est vrai que sa dilection pour le café était telle qu'il lui dut sans doute de développer sa capacité de travail et ... peut-être, pour en avoir tant abusé, de disparaître en pleine maturité.

Les musiciens n'échappèrent pas à l'irrésistible attrait exercé par le breuvage. Johann Sebastian Bach lui dédia une cantate profane, la *Cantate du Café* n° 211. Plus tard, Rossini devait avouer qu'il buvait beaucoup de café lorsqu'il composait un opéra.

Le fait qu'autour de la boisson se créa un lieu nouveau permettant de se réunir pour la consommer et qu'ainsi des cafés surgirent, foyers de convivialité habités par l'esprit, contribua aussi largement à l'engouement des artistes pour le café. D'innombrables gravures et tableaux témoignent de l'évolution de l'univers du café. Ici, on se détendait en jouant aux échecs, au billard, ou à tout autre jeu à la mode. Ici, on refaisait le monde ou on fomentait un complot. De Daumier à Toulouse-Lautrec, de Degas à Picasso, de Steinlen à Modigliani, ... le cadre du café-lieu a inspiré bien des peintres. Mais on y oublie souvent le breuvage au profit du vin ou de l'alcool. Le café-boisson est ailleurs, intégré au quotidien des artistes. Ce sont, entre autres, la *Nature morte avec cafetière* (1888) , de Vincent Van Gogh, *La Nature morte au moulin à café* (1918), de Joan Miro, *Le Café* (1915) et *La Cafetière* (vers 1937), de Pierre Bonnard. Paul Cézanne fit cohabiter une tasse de café avec *La Pendule de Marbre Noir* (1869-1870) et produisit, avec *La Femme à la Cafetière* (1890-1894), l'une de ses figures les monumentales. Pablo Picasso inséra tasse et cafetière dans ses natures mortes, les associant à la pipe dès 1911. Juan Gris, de son côté, préféra allier le plaisir du café à celui de la lecture (*Le Livre*, 1911 ; *Le Petit Déjeuner*, 1915). Enfin, pour Claude Monet (*Le Déjeuner*) et Henri Matisse (*Luxe, Calme et Volupté*, 1904), la dégustation du café est surtout la conclusion harmonieuse d'un repas pris dans un jardin fleuri ou une nature ensoleillée.

Quant aux affichistes, ils trouvèrent dans le café matière à un graphisme original, rehaussé de chaudes couleurs. L'un des plus célèbres d'entre eux, Leonetto Cappiello, œuvra pour diverses marques (*Café Labrador*, 1903 ; *Café Martin*, 1921 ; *Café Damoy*, 1932) et composa même une fort belle publicité pour la *Chicorée à la Belle Jardinière* (1921).

Coll. A.P.-R.

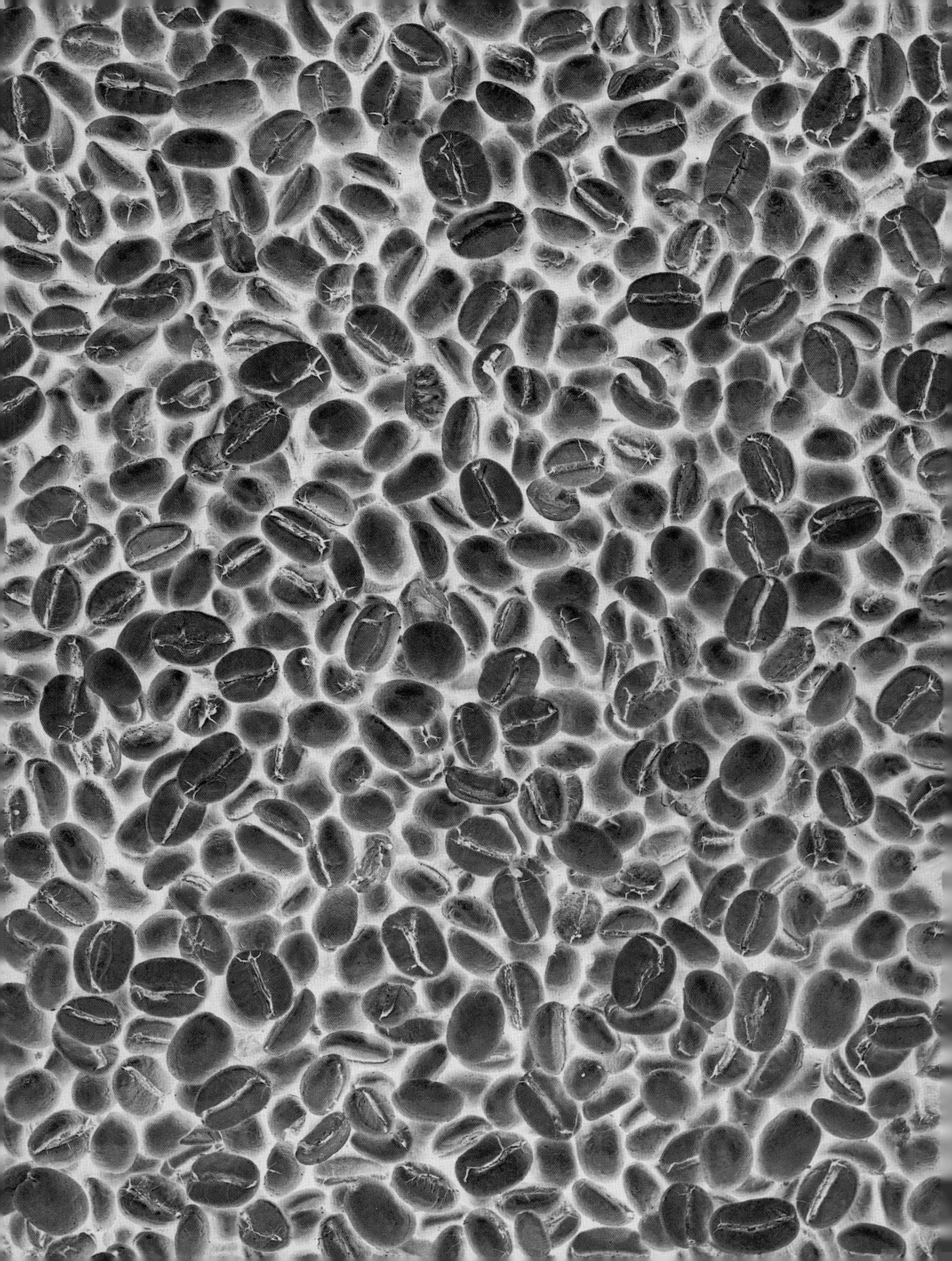

DES GATEAUX

6 à 8 pers.
Prép. : 40 mn.
Cuisson : 30 mn.

Eclairs au café

25 cl de café fort
80 g de beurre
4 à 5 œufs
1 jaune d'œuf
125 g de farine
1 pincée de sel
1 cuil. à soupe de sucre en poudre
25 cl de crème pâtissière au café
250 g de fondant
1 cuil. à café d'extrait de café.

Préchauffer le four à 180 ° C (th. 6).

Mettre dans une casserole le café, 1 pincée de sel, le sucre en poudre et le beurre (en noisettes). Porter à ébullition ; tout doit être fondu.

Hors du feu, ajouter d'un seul coup la farine tamisée. Travailler vivement avec une spatule en bois jusqu'à obtention d'une pâte lisse et homogène.

Replacer la casserole sur le feu et laisser chauffer pendant 30 secondes, sans cesser de remuer.

Hors du feu, laisser tiédir un peu avant d'incorporer les œufs un à un. La pâte doit être souple, mais pas trop molle.

Avec une poche à douille, dresser la pâte en bâtonnets gros comme le doigt sur la plaque du four beurrée. Faire cuire au four, à mi-hauteur, pendant 30 minutes.

Laisser refroidir les éclairs. Pratiquer une incision sur l'un des côtés et, par cette ouverture, fourrer chaque pièce de crème pâtissière au café, à l'aide d'une poche à douille.

Faire tiédir le fondant et y incorporer l'extrait de café. Napper les éclairs avec ce glaçage. Laisser "prendre".

Vous pouvez dorer les bâtonnets de pâte au jaune d'œuf avant de les enfourner ; ainsi seront-ils joliment dorés.

Les choux et les religieuses au café se réalisent de la même manière. Pour dresser la pâte, il suffit de faire des tas, plus ou moins gros, avec une cuillère à soupe ou à la poche à douille.

CONSEILS

• *Pour préparer une crème fouettée au café, destinée à accompagner un gâteau, il suffit d'incorporer à la crème fouettée 100 g de sucre glace et 2 cuillerées à soupe d'extrait de café. Rien ne vous empêche d'y ajouter quelques gouttes de crème de moka ; elle n'en sera que plus fine.*

• *Pour préparer une crème pâtissière au café, ajouter 2 cuillerées à soupe de café très fort au lait froid, avant de le faire bouillir.*

6 pers.
Prép. : 20 mn.
Cuisson : 50 mn.

Amandine au café

100 g d'amandes en poudre
120 g d'amandes effilées
125 g de beurre
125 g de farine
1/2 sachet de levure chimique
2 jaunes d'œufs
125 g de sucre en poudre
Sucre glace
1 cuil. à soupe d'extrait de café.

Préchauffer le four à 180 ° C (th. 6).

Battre les jaunes d'œufs avec le sucre en poudre jusqu'à obtention d'un mélange blanc et mousseux. Ajouter alors le beurre, préalablement fondu, puis les amandes en poudre et la farine. Travailler de façon à ce que la pâte soit lisse et homogène. Y incorporer enfin l'extrait de café et la levure.

Verser la pâte dans un moule à manqué beurré. Faire cuire au four, à mi-hauteur, pendant 50 minutes.

Démouler le gâteau et le laisser refroidir sur une grille à pâtisserie.

Faire griller les amandes effilées à sec, dans une poêle.

Saupoudrer le gâteau de sucre glace. Le parsemer d'amandes effilées grillées et décorer selon votre goût.

CONSEILS

• *Pour faciliter le démoulage d'un gâteau, que vous pressentez peu aisé, posez le moule encore chaud sur un linge humide, plié en quatre, et laissez-le reposer ainsi pendant 5 minutes avant de le démouler. Vous pouvez aussi retourner le moule sur le plat et couvrir le fond avec un linge mouillé à l'eau chaude ; il suffit aussi d'attendre quelques minutes.*

• *Pour la décoration des gâteaux, pensez à utiliser des grains de café en sucre ou en chocolat, des non-pareilles, des petites perles "mimosa", des pétales de rose cristallisés, etc.*

6 pers.
Prép. : 30 mn.
Cuisson : 45 mn.

Biscuit au café

250 g d'abricots au sirop (en boîte)
10 g de beurre
100 g de farine
1/2 sachet de levure chimique
3 œufs
200 g de sucre en poudre
100 g de sucre glace
30 cl de crème fraîche
1 cuil. à soupe de café soluble
1 cuil à café d'extrait de café.

Préchauffer le four à 150 ° C (th. 5).

Séparer les blancs d'œufs des jaunes. Battre les jaunes au fouet avec le sucre en poudre, jusqu'à obtention d'un mélange blanc et mousseux. Ajouter la farine et la levure, préalablement tamisées et mêlées.

Délayer le café soluble dans 2 cuillerées à soupe d'eau, puis l'ajouter à la préparation. Bien mélanger.

Battre les blancs d'œufs en neige ferme. Les incorporer délicatement au mélange précédent.

Verser l'appareil obtenu dans un moule à manqué beurré. Faire cuire au four, à mi-hauteur, pendant 45 minutes environ. Laisser refroidir avant de démouler.

Battre au fouet la crème fraîche avec l'extrait de café et le sucre glace.

Arroser le gâteau avec une partie du sirop des abricots. Le décorer avec les oreillons d'abricots et la crème fouettée.

"RACINE PASSERA COMME LE CAFÉ"

Cette affirmation fut longtemps attribuée à Madame de Sévigné. Certes, la marquise était capable d'émettre des jugements à l'emporte-pièce ; certaines de ses lettres en portent témoignage. Mais sa correspondance montre bien qu'elle admirait le dramaturge, bien qu'elle lui préférât Corneille, et que le café ne lui était pas indifférent au point de l'assassiner ainsi. L'origine de la "rumeur" revient, en fait, à Voltaire qui, dans son *Siècle de Louis XIV,* accuse la noble épistolière d'avoir "manqué absolument de goût ; de croire toujours que Racine *n'ira pas loin*, et d'en juger comme du café dont elle dit qu'on se désabusera bientôt." Le propos fut ensuite interprété et tant amplifié qu'il prit rang de vérité.

A l'égard du café, Madame de Sévigné manifesta la même attitude que celle de la société de son temps, faite d'enthousiasmes et de revirements successifs, par rapport à un breuvage encore mystérieux. Si elle en redoutait le caractère échauffant, elle était néanmoins l'une de ses adeptes. Sa faveur allait au café au lait, dont elle contribua même à répandre l'usage. Une lettre écrite de sa propriété des Rochers, le 29 janvier 1690, et adressée à sa fille atteste ce goût : "Nous avons ici du bon lait et de bonnes vaches ; nous sommes en fantaisie de faire écrémer ce bon lait et de le mêler avec du sucre et du bon café. Ma chère enfant, c'est une très jolie chose et dont je recevrai une grande consolation ce carême. Dubois l'approuve pour la poitrine, pour le rhume, et c'est, en un mot, ce *lait cafeté* ou ce *café laité* de notre ami Alliot."

4 à 6 pers.
Prép. : 40 mn.
Cuisson : 25 mn.
Réfrigération : 12 h.

Biscuit roulé au café

260 g de beurre
12 œufs
100 g de farine
100 g de fécule
250 g de sucre en poudre
200 g de sucre glace
1 sachet de sucre vanillé
2 cuil. à soupe d'extrait de café.

Séparer les jaunes d'œufs des blancs.

Battre 8 jaunes avec le sucre en poudre et le sucre vanillé jusqu'à obtention d'un mélange blanc et mousseux. Ajouter peu à peu la farine et la fécule tamisées, sans cesser de battre.

Préchauffer le four à 180 ° C (th. 6).

Battre 8 blancs d'œufs en neige ferme, puis les incorporer délicatement à la pâte.

Prélever la pâte et l'étaler dans un moule carré à bord bas, préalablement beurré. Faire cuire au four, à mi-hauteur, pendant 25 minutes.

Travailler 250 g de beurre (en pommade) avec les 4 jaunes d'œufs restants, le sucre glace et l'extrait de café, de façon que le mélange soit parfaitement lisse et homogène.

Retourner le moule sur un torchon humide et attendre 5 minutes avant de retirer le moule. Etaler la crème au café sur le biscuit. En réserver un peu pour masquer l'extérieur. Rouler celui-ci aussitôt et le napper avec le reste de crème, en y gravant des motifs avec une fourchette.

Réserver le biscuit au réfrigérateur pendant 12 heures.

Vous pouvez décorer ce gâteau selon votre goût : avec des fruits confits, des grains de café "confiseur", des copeaux de chocolat, etc.

Retourner le moule sur un torchon humide. Retirer le moule.

Etaler la crème au beurre sur le biscuit.

Rouler le biscuit et le masquer de crème.

CAFE CUBANO

6 pers.
Prép. : 35 mn.
Repos : 5 à 6 h.

Gâteau antillais

500 g de biscuits à la cuiller
150 g d'amandes effilées grillées
250 g de chocolat noir à pâtisser
125 g de beurre
1 œuf
90 g de sucre en poudre
10 cl de café fort
5 cl de rhum.

Travailler le beurre ramolli avec le sucre. Ajouter le jaune de l'œuf.

Battre le blanc de l'œuf en neige ferme, puis l'incorporer délicatement à l'appareil.

Faire fondre le chocolat au bain-marie avec 1 cuillerée à soupe d'eau, jusqu'à obtention d'une pâte lisse.

Sur un plat de service, constituer le gâteau en disposant, en couches successives, les biscuits à la cuiller, préalablement imbibés du café mélangé au rhum, la crème au beurre et le chocolat. Terminer par les biscuits et napper le gâteau de chocolat. Parsemer d'amandes effilées.

Laisser reposer au frais pendant 5 à 6 heures, avant de servir.

UN MUSÉE POUR LE CAFÉ

Inauguré en décembre 1984 et associé jusqu'en 1990 à la firme Jacobs Suchard, le Musée Johann Jacobs est installé dans une belle demeure bourgeoise, de style bernois, au bord du lac de Zurich. Une importante collection de documents et d'objets s'y trouve réunie autour du thème du café, mettant l'accent sur le rôle de ce breuvage "magique" dans la culture européenne. On peut y voir des gravures et des tableaux touchant à la plante, à sa culture et à la consommation du café en Orient, puis en Europe. Des groupes en porcelaine, de Meissen notamment, attestent la faveur que connut la boisson au XVIIIe siècle. Des cafetières, en porcelaine ou en argent, et diverses pièces de fine vaisselle ancienne montrent l'évolution qu'ont subi les "ustensiles" du café depuis l'introduction de celui-ci en Occident. Enfin, le café-lieu y est représenté sous toutes ses facettes, à travers gravures, tableaux et affiches.

Une bibliothèque, riche de 3000 ouvrages, du XVIe siècle à nos jours, vient compléter ce "fonds" totalement consacré au café.

6 pers.
Prép. : 30 mn.

Gâteau de petits-beurre I

24 petits-beurre
Quelques cerneaux de noix
125 g de beurre
1 jaune d'œuf
100 g de sucre en poudre
1 cuil. à soupe de café soluble.
25 cl de café fort.

Travailler le beurre ramolli avec le sucre en poudre. Incorporer le jaune d'œuf, puis le café soluble. Bien travailler le tout de façon à obtenir une crème lisse.

Confectionner le gâteau sur le plat de service, en superposant couches de petits-beurre, préalablement imbibées de café fort, et couches de crème.

Couvrir avec la crème restante. Garnir avec les cerneaux de noix.

6 pers.
Prép. : 35 mn.
Repos : 12 h.

Gâteau de petits-beurre II

500 g de petits-beurre
200 g de beurre
3 jaunes d'œufs
200 g de sucre en poudre
10 cl de café fort
10 cl de rhum blanc.

Mélanger le rhum et 5 cl de café.

Faire fondre le beurre, puis le battre avec les jaunes d'œufs, le sucre en poudre et le reste de café, jusqu'à obtention d'une crème homogène et lisse.

Beurrer un moule à manqué. Y disposer, par couches alternées, les petits-beurre, trempés un à un dans le mélange rhum-café, et la crème.

Couvrir et laisser "prendre" au frais pendant 12 heures.

Sortir le gâteau quelques instants avant de le consommer. Le démouler sur un plat de service et le napper de crème.

LE SUCRE AU CAFÉ

On confectionnait autrefois du sucre au café, une sorte de cassonade aromatisée, fort agréable de goût et que l'on employait pour réaliser des desserts ou des pâtisseries. La recette est simple : mettre dans un poêlon d'office 1 tasse de café fort et assez de sucre en poudre pour le rendre épais. Faire chauffer, sur feu doux, sans cesser de remuer. Retirer du feu au premier frémissement. Ajouter 2 cuillerées à soupe de sucre. Remuer avec une cuillère d'argent, jusqu'à complet refroidissement. Laisser sécher, puis écraser et tamiser.

6 à 8 pers.
Prép. :25 mn.
Repos : 2 à 3 h.

Génoise glacée au café

1 génoise ronde de 28 cm de diamètre
5 jaunes d'œufs
250 g de sucre glace
5 cuil. à soupe de porto
1 cuil. à soupe de cognac
4 cuil. à soupe de crème fraîche
2 cuil. à café de café soluble.

Mettre dans une casserole le porto, les jaunes d'œufs, le sucre glace et le café soluble. Mélanger le tout au fouet, puis faire chauffer au bain-marie frémissant, sans cesser de battre, pendant 10 minutes.

Lorsque le mélange a épaissi, y incorporer, hors du feu, le cognac et la crème fraîche. Bien mélanger et laisser tiédir.

Couper la génoise horizontalement en 2 disques. Garnir le disque inférieur avec la préparation précédente. Couvrir avec le second disque de pâte. Napper le gâteau avec le reste de glaçage.

Laisser "prendre" au réfrigérateur, pendant 2 à 3 heures.

LE GLAÇAGE AU CAFE

Il est utilisé pour napper les gâteaux, dont il finit la présentation et enrichit la saveur.

Pour le réaliser, incorporez 150 g de sucre glace à 1 cuillerée à soupe d'extrait de café et 1 cuillerée à soupe d'eau. Si la quantité d'extrait de café ne suffit pas à donner au glaçage la fluidité souhaitée, ajoutez un peu d'eau.

Nappez le gâteau avec ce mélange, puis laissez "prendre".

Par ailleurs on trouve dans le commerce du fondant au café prêt à l'emploi. Il suffit de l'amollir au bain-marie.

006 0001

6 pers.
Prép. : 25 mn.
Cuisson : 35 mn.

Mœlleux au café

100 g de noix hachées
15 à 20 cerneaux de noix
240 g de farine
1 sachet de levure chimique
3 œufs
180 g de sucre en poudre
15 cl d'huile
15 cl de crème fraîche
1/2 verre de rhum
1 cuil. à soupe d'extrait de café.

Préchauffer le four à 180 ° C (th. 6).

Travailler 80 g de sucre en poudre avec la crème fraîche et l'extrait de café. Ajouter les œufs, puis l'huile, le tiers de la farine, la levure et les noix hachées, en ayant soin de mélanger après l'ajout de chaque ingrédient. Incorporer enfin, peu à peu, le reste de la farine. Travailler jusqu'à obtention d'une pâte bien homogène.

Verser la préparation dans un moule à manqué huilé. Faire cuire au four, à mi-hauteur, pendant 10 minutes.

Déposer les cerneaux de noix sur le gâteau. Prolonger la cuisson pendant 25 minutes.

Préparer un sirop avec le reste de sucre, 10 cl d'eau et le rhum.

Dès que le gâteau est cuit, le démouler et l'arroser avec le sirop bouillant.

Laisser tiédir ou refroidir avant de servir.

L'EXTRAIT DE CAFÉ

Très utilisé en pâtisserie et pour diverses autres recettes sucrées, l'extrait de café se trouve facilement dans le commerce. Selon la législation, il s'agit d'un produit plus ou moins concentré obtenu par extraction du café torréfié, avec l'eau pour unique moyen d'extraction. Il se présente sous plusieurs forme, à chacune desquelles correspond une dénomination officielle, qu'il est important, pour le consommateur, de bien distinguer.

– L'"extrait de café en pâte" et l'"extrait de café soluble" se présentent en poudre, en granulés ou sous une autre forme solide ; la teneur en matière sèche provenant du café est égale ou supérieure, en poids, à 96 %.

– L'"extrait de café en pâte" se caractérise par sa consistance pâteuse ; la teneur en matière sèche provenant du café se situe, en poids, entre 70 et 85 %.

– L'"extrait de café liquide" se présente sous forme liquide ; la teneur en matière sèche provenant du café se situe, en poids, entre 15 et 55 %. Si le qualificatif "concentré" est adjoint à cette dénomination, la teneur en matière sèche provenant du café est comprise entre 25 et 55 % par rapport au produit fini.

La base d'utilisation de l'extrait de café est, en général, d'une cuillerée à soupe par litre de préparation. Mais, selon la recette et le parfum souhaités, cette quantité peut être augmentée. Il faut savoir que :

1 tasse de café normal = 1 cuillerée à café d'extrait de café liquide.

D'autre part, il est préférable d'ajouter l'extrait de café en fin de préparation.

Quant à l'appellation "sirop de moka" ou "sirop de café", que l'on rencontre parfois, elle désigne exclusivement un sirop de sucre additionné d'extrait de café.

6 pers.
Prép. : 40 mn.
Réfrigération : 12 h.

Moka I

200 g de biscuits à la cuiller
270 g de beurre
4 jaunes d'œufs
250 g de sucre en poudre
Café très fort.

Travailler au fouet, dans une jatte préchauffée, 250 g de beurre ramolli avec 1 jaune d'œuf et un peu de sucre en poudre. Lorsque la crème commence à épaissir, ajouter les autres jaunes d'œufs et le reste de sucre. Y incorporer ensuite le café refroidi, en filet, en quantité nécessaire pour obtenir le parfum souhaité plus ou moins accentué selon les goûts.

Beurrer un moule à charlotte. Le chemiser soigneusement de biscuits à la cuiller. En tailler certains pour que le bord soit bien droit. Le garnir de crème, puis de biscuits, en couches alternées, jusqu'aux 3/4 de sa hauteur. Veiller à réserver un peu de crème pour en décorer le gâteau, le lendemain.

Placer le gâteau au réfrigérateur pendant 12 heures.

Démouler le gâteau sur un plat. Remplir une poche à douille cannelée avec le reste de crème et en décorer le gâteau.

Servir.

6 pers.
Prép. : 20 mn.
Repos : 3 à 4 h.

Moka II

1 génoise ronde
2 jaunes d'œufs
150 g de sucre en poudre
25 cl de crème fraîche
12 cl de café fort
6 cl de rhum.

Battre les jaunes d'œufs avec 100 g de sucre en poudre jusqu'à obtention d'un mélange blanc et mousseux.

Battre au fouet la crème fraîche avec le sucre restant.

Mélanger les deux préparations. Y incorporer ensuite la moitié du rhum et la moitié du café.

Couper la génoise en deux, horizontalement. Arroser le disque inférieur avec une partie du reste de rhum et de café mélangés. Napper de crème au café. Couvrir avec le disque de pâte supérieur, de façon à reconstituer le gâteau. Arroser avec le reste du mélange rhum-café.

Laisser reposer au réfrigérateur pendant 3 à 4 heures avant de servir.

6 à 8 pers.
Prép. : 30 mn.

Moka III

1 génoise ronde
150 g d'amandes concassées grillées
500 g de beurre
4 jaunes d'œufs
250 g de sucre glace
5 cuil. à soupe d'extrait de café.

Dans une jatte préchauffée, travailler au fouet le beurre ramolli avec le sucre glace et l'extrait de café. Ajouter les jaunes d'œufs, un à un, sans cesser de battre le mélange.

Couper la génoise horizontalement en 3. Garnir les 2 disques inférieurs avec la crème précédente.

Reconstituer le biscuit. Le napper avec le reste de crème. Répartir les amandes sur les bords. Décorer à votre goût.

Laisser reposer quelques instants au frais avant de servir.

6 pers.
Prép. : 25 mn.
Réfrigération : 12 h.

Gourmand aux marrons

1 kg de purée de marrons (en boîte)
250 g de chocolat noir (en tablette)
150 g d'amandes effilées grillées
200 g de beurre
2 sachets de sucre vanillé
20 cl de crème fraîche liquide
5 cl de rhum
3 cuil. à soupe d'extrait de café.

Briser le chocolat en morceaux et le faire fondre au bain-marie sur feu doux.

Travailler le beurre ramolli avec la purée de marrons, le chocolat et le sucre vanillé. Ajouter ensuite le rhum et l'extrait de café. Bien mélanger le tout.

Verser la préparation dans un moule à cake, préalablement tapissé de papier d'aluminium. Faire "prendre" au réfrigérateur pendant 12 heures au moins.

Démouler le gâteau. Le décorer de crème fouettée. Le parsemer d'amandes effilées grillées. Servir.

UN ART DIVINATOIRE : LA CAFÉDOMANCIE

C'est à la fin du XVIIe siècle que le marc de café commença à être utilisé comme support divinatoire. Le traité du florentin Thomas Tamponelli fut alors le premier ouvrage à en porter témoignage. Le principe est, en fait, fort simple. Le marc est lavé et égoutté, puis déposé sur une assiette blanche et plate. Il suffit ensuite de secouer l'assiette quelques secondes de façon à l'étaler sur toute la surface de celle-ci. Des figures se forment, qu'il convient d'interpréter.

Menottes, pantoufles, maison, ange, diable, pendu, animaux divers, objets du quotidien, etc. Trois séries d'images ont été établies, rejoignant, pour beaucoup les symboles divinatoires les plus courants. Outre leur interprétation prédéfinie, le devin doit prendre en compte leur position par rapport au diamètre horizontal de l'assiette, lequel a nom de *Niveau des Justes*. Ainsi toute figure placée en arrière de ce "niveau" voit sa signification, bonne ou mauvaise, renforcée. Et il en va du contraire si elle apparaît en avant. Enfin, le mode de lecture diffère également selon le degré de précision afférent à la question posée.

Tous les facteurs étant considérés, le savoir-faire du mage intervient pour "donner vie" à cette mancie, encore très pratiquée de nos jours.

6 pers.
Prép. : 35 mn.
Cuisson : 40 mn.

Panaché aux noix et aux fruits confits

200 g de chocolat noir (en tablette)
100 g de fruits confits
6 œufs
150 g de sucre en poudre
1 sachet de sucre vanillé
Sucre glace
2 cuil. à soupe d'extrait de café
100 g de noix hachées.

Préchauffer le four à 180 ° C (th. 6).

Briser le chocolat en petits morceaux et le faire fondre au bain-marie.

Séparer les jaunes d'œufs des blancs. Battre les jaunes avec le sucre en poudre et le sucre vanillé, jusqu'à obtention d'un mélange blanc et mousseux.

Incorporer le chocolat fondu à la préparation. Ajouter l'extrait de café, les fruits confits, préalablement taillés en dés puis les noix.

Battre les blancs d'œufs en neige ferme, puis les incorporer délicatement à la préparation.

Verser la pâte dans un moule à manqué beurré. Faire cuire au four, à mi-hauteur, pendant 40 minutes.

Démouler le gâteau encore tiède et le saupoudrer de sucre glace.

6 à 8 pers.
Prép. : 30 mn.
Cuisson : 20 mn.

Tarte au café

250 g de pâte sablée
4 œufs
80 g de sucre en poudre
25 cl de lait
20 cl de crème fouettée
10 cl de crème Chantilly
2 cuil. 1/2 à soupe d'extrait de café
3 feuilles de gélatine.

Préchauffer le four à 180 ° C (th. 6).

Abaisser la pâte sablée et en garnir un moule à tarte de 28 cm de diamètre. La piquer avec les dents d'une fourchette et la faire cuire à blanc, au four, à mi-hauteur, pendant 20 minutes environ.

Séparer les blancs d'œufs des jaunes. Battre les jaunes au fouet avec 40 g de sucre en poudre, jusqu'à obtention d'un mélange blanc et mousseux. Ajouter le lait chaud, en filet, sans cesser de battre. Faire ensuite épaissir sur feu doux en remuant sans arrêt. La crème est parfaite lorsqu'elle nappe la cuillère.

Faire tremper les feuilles de gélatine dans un peu d'eau froide pendant un court instant, pour qu'elles ramollissent.

Ajouter à la crème précédente les feuilles de gélatine égouttées et l'extrait de café.

Battre les blancs d'œufs en neige. Ajouter le sucre restant, puis continuer de battre un peu, sans casser la neige.

Incorporer délicatement la crème fouettée et les blancs en neige à la crème au café. Garnir le fond de tarte avec cette préparation. Décorer avec la crème Chantilly, à l'aide d'une poche à douille cannelée.

Laisser reposer au frais pendant 2 à 3 heures.

6 à 8 pers.
Prép. : 30 mn.
Cuisson : 15 à 20 mn.

Tarte exotique

250 g de pâte brisée
250 g de chocolat noir
1/2 boîte de crème de marrons
Quelques cerneaux de noix
150 g de sucre glace
3 cuil. à soupe de café fort
1 cuil. à soupe de kirsch.

Préchauffer le four à 180 ° C (th. 6).

Abaisser la pâte brisée et en garnir un moule à tarte de 28 cm de diamètre. La piquer avec les dents d'une fourchette et la faire cuire à blanc, au four, à mi-hauteur, pendant 15 à 20 minutes.

Faire fondre la moitié du chocolat dans 2 cuillerées à soupe d'eau, au bain-marie. Lorsqu'il est bien lisse, ajouter le kirsch, puis la crème de marrons, en battant le tout au fouet.

Etaler la préparation sur le fond de tarte.

Faire fondre le reste de chocolat au bain-marie. Y incorporer le sucre glace et le café. Bien mélanger. En couvrir la tarte.

Garnir avec les cerneaux de noix.

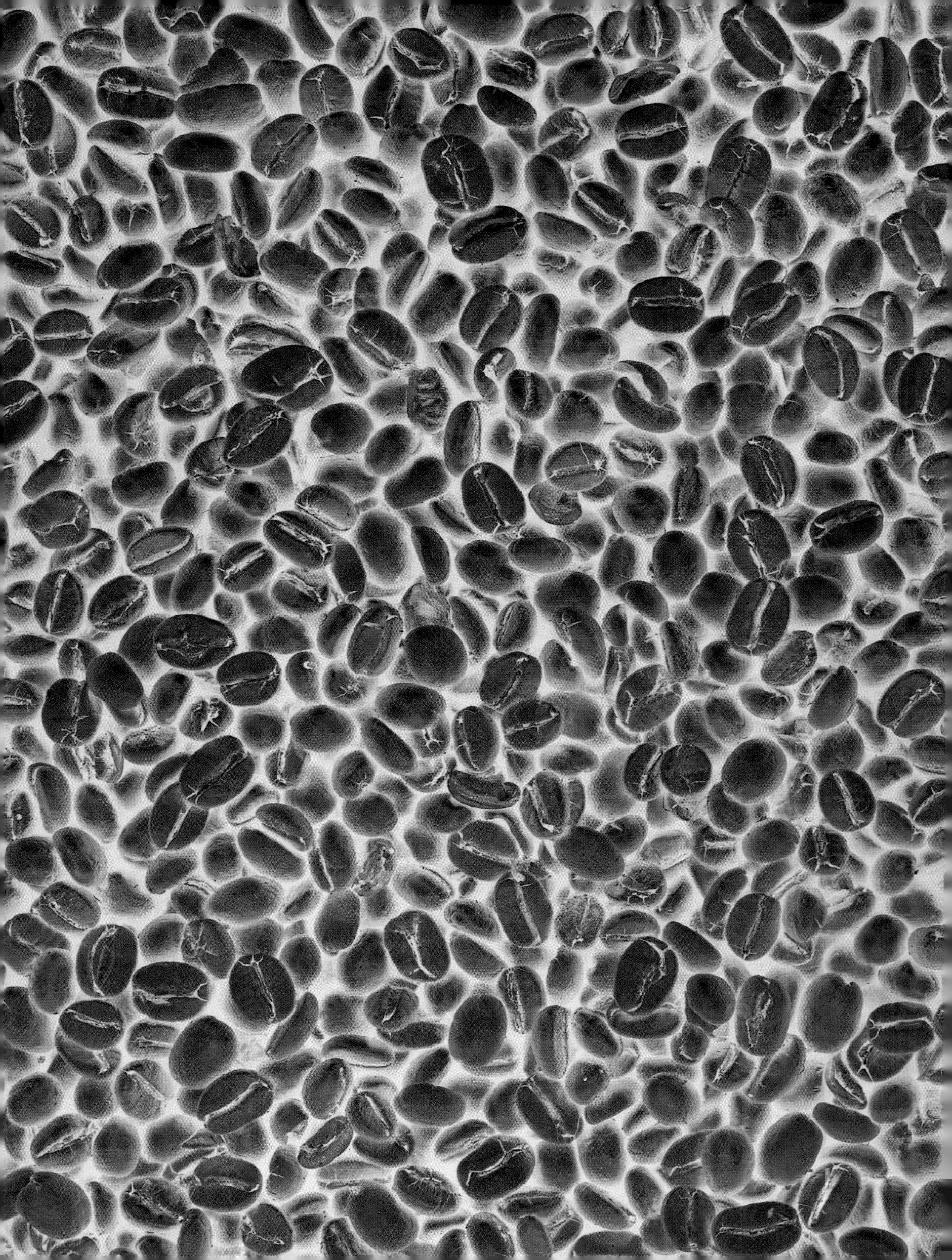

DES GLACES

6 pers.
Prép. : 20 mn.
Cuisson : 30 mn.
Congélation : 1 h environ.

Glace au café I

8 jaunes d'œufs
25 cl de café très fort
1 l de lait
300 g de sucre glace
1 gousse de vanille.

Porter à ébullition le lait additionné de la gousse de vanille, préalablement fendue.

Hors du feu, retirer la vanille et ajouter le café.

Battre les jaunes d'œufs avec le sucre glace tamisé jusqu'à obtention d'un mélange blanc et mousseux. L'incorporer délicatement au lait aromatisé.

Faire chauffer, au bain-marie, jusqu'à ce que la crème épaississe, en ayant soin de la remuer souvent.

Hors du feu, battre ensuite la crème au fouet pour la rendre mousseuse.

Faire prendre la glace dans la sorbetière.

6 pers.
Prép. : 20 mn.
Congélation : 1 h environ.

Glace au café II

50 g de beurre
4 œufs
1 cuil. à soupe d'extrait de café
110 g de sucre glace.

Faire fondre le beurre et le laisser tiédir.

Séparer les jaunes d'œufs des blancs. Battre les blancs au fouet, en neige très ferme. Ajouter délicatement les jaunes, puis le sucre glace tamisé et l'extrait de café, sans cesser de battre.

Incorporer enfin le beurre fondu à l'aide d'une spatule en bois.

Faire prendre la glace dans la sorbetière.

SUGGESTION

Si vous souhaitez accompagner des boules de glace au café de boules d'une glace à un autre parfum, sachez que tous les mariages ne sont pas heureux. La glace au café s'accorde le mieux avec les glaces au praliné, à la vanille, à la poire, à la noix, au chocolat, à la pistache, à la noix de coco, à l'abricot ou à la liqueur (rhum, Cointreau, kirsch, fine champagne).

6 pers.
Prép. : 20 mn.
Congélation : 1 h environ.

Glace au café III

100 g de café moulu
175 g de sucre en poudre
25 cl de crème fraîche
12,5 cl de lait.

Préparer le café avec le café moulu et 30 cl d'eau. Ajouter le sucre en poudre. Laisser refroidir.

Battre au fouet le café sucré avec la crème fraîche et le lait.

Faire prendre la glace dans la sorbetière.

6 pers.
Prép. : 20 mn.
Congélation : 1 h environ.

Glace à la crème de moka

40 g de beurre
4 œufs
4 cl de crème moka
80 g de sucre glace.

Faire fondre le beurre et le laisser tiédir.

Séparer les jaunes d'œufs des blancs. Battre les blancs au fouet, en neige très ferme. Ajouter délicatement les jaunes, puis le sucre glace, sans cesser de battre.

Ajouter la crème de moka, en remuant délicatement. Incorporer enfin le beurre fondu à l'aide d'une spatule en bois.

Faire prendre la glace dans la sorbetière.

6 pers.
Prép. : 10 mn.
Cuisson : ?? mn.

Café liégeois

1 l de glace au café
25 cl de café légèrement sucré
50 cl de crème Chantilly
Quelques grains de café en chocolat.

Répartir le café froid dans 6 verres à glace. Ajouter la glace au café.

Remplir une poche à douille cannelée avec la crème Chantilly et en couvrir la glace.

Parsemer de grains de café en chocolat. Servir aussitôt.

CONSEILS

• *Attention, les produits utilisés (lait, beurre, œufs, crème) doivent être de la plus grande fraîcheur et de la meilleure qualité possible.*

• *Pour être fouettée, la crème ne doit pas être liquide. Mieux vaut qu'elle soit trop épaisse et détendue avec un peu de lait.*

EDO
BRASIL

6 pers.
Prép. : 15 mn.
Congélation : 1 h environ.

Délice glacé

6 petits-suisses
150 g de sucre en poudre
1 verre de lait
4 cuil. à soupe de crème fraîche
1 cuil. à soupe d'extrait de café.

Battre les petits-suisses avec le lait et la crème fraîche, jusqu'à obtention d'une préparation homogène et lisse. Ajouter ensuite le sucre en poudre et l'extrait de café.

Faire prendre la glace dans la sorbetière.

CONSEIL

Vous pouvez confectionner une savoureuse glace au café en battant au fouet le contenu d'une boîte de lait concentré non sucré avec 150 g de sucre glace tamisé, jusqu'à obtention d'un mélange mousseux, puis en y incorporant 1 cuillerée à soupe d'extrait de café. La sorbetière fera le reste...

ATTRAIT ET SAVEUR MÊLÉS

Une présentation raffinée des glaces participe, en quelque sorte, à leur saveur. Aussi convient-il de ne pas la négliger. Il faut souvent peu de chose pour qu'une glace banale devienne un délice dont vos convives garderont mémoire.

- Choisissez pour servir glaces ou sorbets de jolis coupelles ou verres assez grands pour permettre d'ajouter des éléments de décoration.
- Prévoyez pour les glaces servies dans des verres des cuillères adaptées, à long manche.
- Ayez à l'esprit que crème fouettée et crème Chantilly sont toujours bien accueillies dans le cadre d'une présentation traditionnelle. Au delà des modes, elles gardent bien des adeptes ! Quant à la crème fouettée au café, accompagnement parfait d'une glace au rhum ou au chocolat, elle est facile à réaliser *(v. p. 122)*.
- Décorez avec des grains de café au chocolat ou à la liqueur, des cerises confites, des violettes de sucre, des non-pareilles, des petites pralines, des feuilles de menthe fraîche, de fines rondelles d'orange, des cerneaux de noix, des amandes effilées ou des noisettes légèrement grillées, etc.
- N'hésitez pas à agrémenter une simple glace au café d'éléments qui contribueront à la subtilité de son goût. Par exemple, déposez la glace sur un lit de morceaux de biscuits à la cuiller, préalablement imbibés de rhum, de Cointreau, de crème de moka ou de crème de cacao.

6 pers.
Prép. : 20 mn.
Cuisson : 10 mn.
Congélation : 10 mn.

Glace aux deux parfums

250 g de chocolat noir (en tablette)
1 l de glace à la crème de moka (p. 148)
30 g de beurre
8 cl de crème fraîche
1 tasse de café fort
5 cl de lait
40 g de sucre glace
Grains de café en chocolat.

Casser le chocolat en morceaux. Le faire fondre avec le beurre au bain-marie. Lorsqu'il est bien lisse et crémeux, y incorporer le café chaud en filet. Laisser refroidir.

Remplir des coupes à glace individuelles à bord haut, de couches alternées de chocolat au café et de glace au café. Placer le tout 10 minutes au congélateur.

Battre la crème fraîche au fouet, avec le lait et le sucre glace. En napper les coupes.

Parsemer le tout de grains de café en chocolat. Servir aussitôt.

3 pers.
Prép. : 15 mn.

Coupe surprise

30 cl de glace au chocolat
3 tasses de café très fort, bien sucré
12,5 cl de crème fraîche
1 cuil. à soupe de caramel liquide.

Battre au fouet la crème fraîche, additionnée du caramel liquide.

Répartir la glace au chocolat dans 3 coupes individuelles, en la façonnant en boules. Verser dessus le café chaud. Garnir avec la crème fouettée, à l'aide d'une poche à douille cannelée. Servir aussitôt.

8 pers.
Prép. : 35 mn.
Cuisson : 20 mn.
Repos : 12 h.

Pudding glacé

50 g de raisins secs
3 œufs
100 g de sucre en poudre
25 cl de crème fraîche
4 cuil. à soupe de café soluble
25 cl de lait
12,5 cl de rhum blanc
1 feuille de gélatine
10 g de beurre
Sel fin.

Séparer les blancs d'œufs des jaunes. Battre les jaunes avec le sucre en poudre jusqu'à obtention d'un mélange blanc et mousseux.

Faire tremper les raisins dans la moitié du rhum, pour qu'ils gonflent.

Faire tremper la feuille de gélatine dans le reste de rhum, pour qu'elle ramollisse.

Mélanger le café et le lait chaud. Ajouter la crème fraîche. Faire cuire, sur feu doux, pendant quelques minutes, sans cesser de remuer. Ajouter ensuite la gélatine et le rhum de trempage. Bien mélanger le tout.

Battre les blancs d'œufs en neige ferme, avec 1 pincée de sel. Les incorporer délicatement à la crème chaude.

Hacher les raisins et les ajouter à l'appareil. Verser celui-ci dans un moule (à manqué ou à charlotte), préalablement beurré. Couvrir et placer au congélateur pendant 12 heures.

Sortir le pudding quelques instants avant de le consommer. Le démouler sur un plat de service.

6 pers.
Prép. : 30 mn.
Congélation : 1 h environ.

Parfait au café

3 jaunes d'œufs
40 cl de crème fraîche
1 cuil. à soupe d'extrait de café
10 cl de lait
100 g de sucre glace.

Battre les jaunes d'œufs avec le sucre glace tamisé jusqu'à ce que le mélange blanchisse et devienne mousseux.

Battre la crème fraîche au fouet avec le lait, puis l'ajouter délicatement au mélange œufs-sucre.

Incorporer enfin l'extrait de café, en ayant soin de bien mélanger pour que l'aromatisation soit uniforme.

Passer la glace dans la sorbetière.

Mouler dans un moule à cake et laisser prendre au congélateur. Servir en tranches.

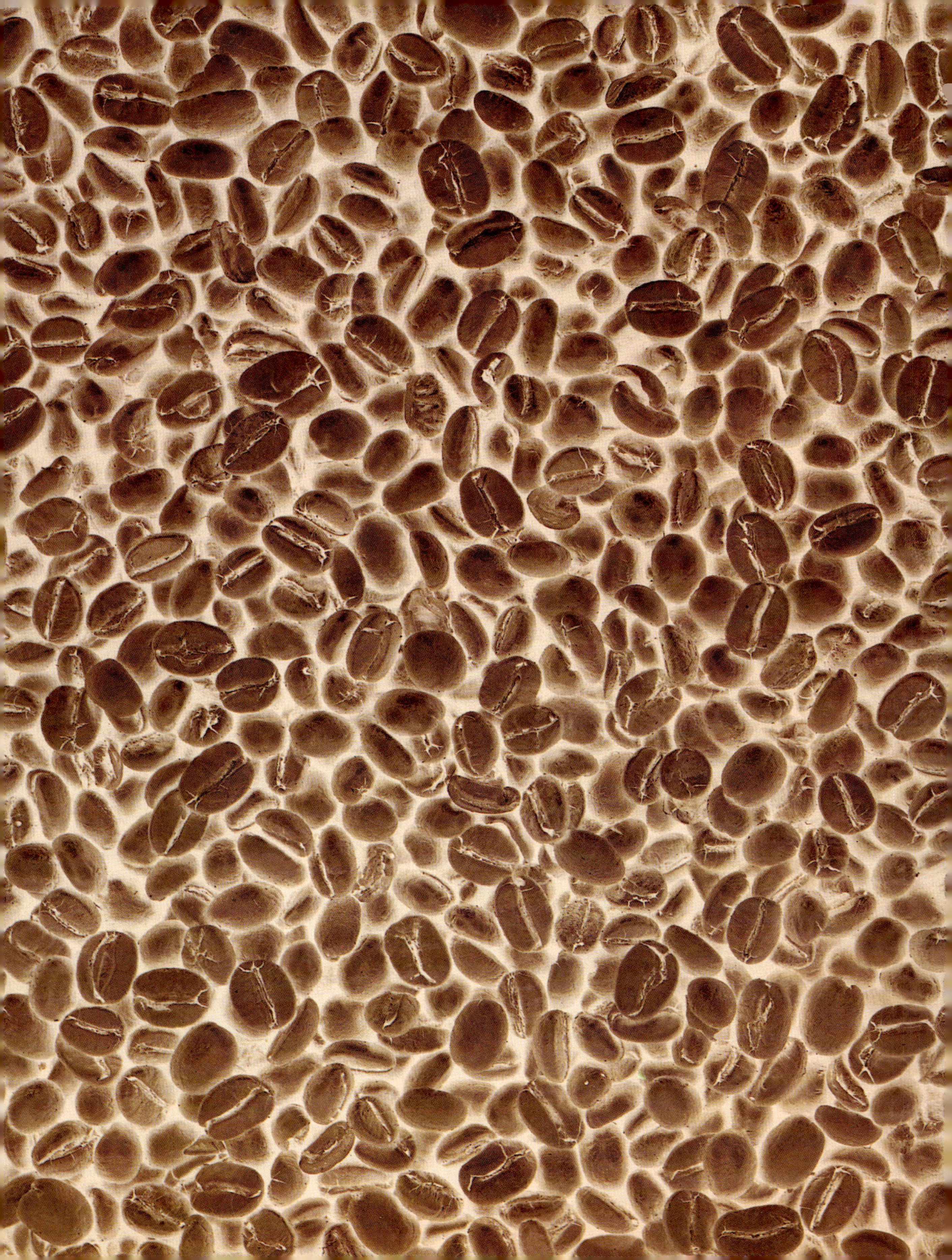

DES FRIANDISES

6 pers.
Prép. : 30 mn.
Cuisson : 35 mn.

Carrés truffés

100 g de chocolat noir en tablette
120 g de noisettes en poudre (ou concassées)
110 g de beurre
2 œufs
100 g de farine
1/2 sachet de levure chimique
250 g de sucre en poudre
1 cuil. à soupe d'extrait de café.

Briser le chocolat en petits morceaux, puis le faire fondre, avec 100 g de beurre, au bain-marie.

Préchauffer le four à 240 ° C (th. 8).

Battre les œufs avec le sucre en poudre, jusqu'à obtention d'un mélange blanc et mousseux. Ajouter l'extrait de café, la farine et la levure, tamisées et mêlées. Travailler de façon à obtenir une pâte lisse et homogène.

Incorporer le mélange chocolat-beurre à la pâte. Ajouter enfin les noisettes en poudre. Bien mélanger.

Verser la pâte dans un moule à pâtisserie carré (ou rectangulaire), préalablement beurré. Faire cuire au four, à mi-hauteur, pendant 35 minutes. Le biscuit doit être mœlleux à l'intérieur.

Démouler sur un marbre et y découper des carrés (ou des rectangles). Laisser refroidir sur le plat de service.

On peut également les saupoudrer de sucre glace.

20 pièces environ.
Prép. : 20 mn.
Cuisson : 1 h 15 mn.

Meringues au café

2 blancs d'œufs
150 g de sucre en poudre
Quelques gouttes d'extraits de café.

Préchauffer le four à 50 ° C (th. 1).

Battre les blancs d'œufs en neige très ferme. Continuer de fouetter en ajoutant le sucre en pluie, puis l'extrait de café.

A l'aide d'une cuillère à café, répartir la meringue en petits tas sur la plaque du four, préalablement tapissée de papier sulfurisé.

Faire cuire au four, à mi-hauteur, pendant 1 heure 15 minutes environ. Les meringues doivent être sèches, mais ne doivent pas brunir. Laisser refroidir.

Ces meringues se conservent fort bien pendant une quinzaine de jours, à condition d'être placées dans une boîte en fer, bien hermétique, elle-même entreposée dans un lieu sec et frais.

Vous pouvez aussi à l'aide d'une poche à douille unie, répartir la pâte en petits boudins de la longueur d'un doigt. Les meringues deviendront des "doigts de fée".

Vous pouvez encore former des meringues plus grosses, puis, une fois cuites et refroidies, les couper horizontalement en deux et les garnir d'une crème Chantilly sucrée, voire aromatisée avec une liqueur de votre choix.

30 pièces environ.
Prép. : 20 mn.
Cuisson : 20 mn.

Petits fours au café

250 g d'amandes en poudre
100 g d'amandes effilées
3 blancs d'œufs
250 g de sucre en poudre
2 cuil. à café de café soluble.

Préchauffer le four à 180 ° C (th. 6).

Bien mélanger les amandes en poudre avec le sucre en poudre et le café soluble. Ajouter les blancs d'œufs et travailler le tout jusqu'à obtention d'une pâte homogène.

Façonner la pâte en un rouleau de 4 cm de diamètre. Découper celui-ci en rondelles d'environ 1 cm d'épaisseur.

Enrober les rondelles d'amandes effilées, en faisant légèrement pression pour que les amandes adhèrent bien à la pâte.

Déposer les petits fours sur la plaque du four, tapissée de papier sulfurisé.

Faire cuire au four, à mi-hauteur, pendant 20 minutes.

"Le soir, je prenais pour me soutenir du café très fort, et je demandais en grâce qu'il fût fait par la siora Zanze. C'était la fille du geôlier, qui, dès qu'elle pouvait faire le café à l'insu de sa mère, le chargeait toujours extrêmement, à ce point que, grâce à mon estomac vide, il me causait une sorte d'agitation nerveuse sans douleur, qui me tenait éveillé toute la nuit.

"Dans cet état d'ivresse tempérée, je sentais redoubler mes forces intellectuelles ; je philosophais, je poétisais, je priais jusqu'au point du jour avec un merveilleux plaisir. [...]

"Ces nuits que rendait si fort agitées le café tombé sur un estomac vide, mais qui s'animaient d'une si douce exaltation, me semblaient trop bienfaisantes pour que je ne cherchasse pas à m'en procurer souvent de semblables. Aussi, sans avoir besoin du papier du *secondino,* je prenais souvent le parti de ne pas toucher à mon souper, pour obtenir le soir l'enchantement tant désiré du magique breuvage. Heureux quand j'atteignais mon but ! Il arriva plus d'une fois que le café ne fût pas préparé par la compatissante Zanzén, et n'était alors qu'une insipide boisson. Cette friponnerie me donnait un peu de mauvaise humeur, et au lieu de me sentir électrisé, je languissais, je bâillais, j'avais faim, et je me jettais sur mon lit sans pouvoir y trouver le sommeil.

Silvio Pellico, *Mes prisons,* 1832

Prép. : 10 mn.
Cuisson : 20 mn.

Bonbons au café I

10 cl de café très fort
250 g de sucre concassé
100 g de beurre
15 cl de crème fraîche.

Mettre le sucre et le beurre dans une poêle. Faire chauffer sur feu vif, puis laisser bouillir pendant 10 minutes, sans cesser de remuer.

Ajouter le café et la crème fraîche au contenu de la poêle. Prolonger la cuisson jusqu'au grand cassé (145-150 °C) en continuant de remuer. La préparation est "à point" lorsque quelques gouttes, prélevées et plongées dans de l'eau froide, durcissent aussitôt.

Verser la "pâte" sur un marbre légèrement huilé. Y graver des sillons avec la pointe d'un couteau, de façon à pouvoir la diviser en bonbons (carrés, rectangulaires ou losangiques) après refroidissement.

Prép. : 10 mn.
Cuisson : 20 mn.

Bonbons au café II

50 cl de lait
2,5 cl de café très fort
500 g de sucre en poudre.

Faire réduire le lait des 3/4, sur feu doux, en ayant soin d'éliminer la peau qui se forme à la surface. Ajouter le sucre en poudre. Prolonger la cuisson quelques instants. Incorporer peu à peu le café, sans cesser de remuer. Faire ensuite cuire jusqu'au petit cassé (129-133 °C). La pâte est cuite lorsque quelques gouttes, prélevées et déposées sur une assiette froide, se raffermissent aussitôt (sans durcir).

Remuer vivement avec une spatule en bois, hors du feu.

Verser la "pâte" sur un marbre légèrement huilé. Y graver des sillons avec la pointe d'un couteau, de façon à pouvoir la diviser en bonbons (carrés, rectangulaires ou losangiques) après refroidissement.

CONSEILS

- *Présentez vos friandises dans des petites caissettes en papier prévues à cet effet.*
- *Conservez les bonbons bien au sec, dans une boîte hermétique, placée à l'abri de la chaleur.*

Prép. : 15 mn.

Bonbons aux noix

100 g de cerneaux de noix
200 g de sucre ne poudre
Sucre cristallisé
1/2 verre à liqueur d'extrait de café.

Piler les cerneaux de noix le plus finement possible. Ajouter le sucre en poudre, puis l'extrait de café. Bien mélanger.

Façonner la pâte obtenue en petites boules. Rouler celles-ci dans du sucre cristallisé.

Prép. : 20 mn.
Cuisson : 25 mn.

Caramels au café I

1 tasse de café très fort
200 g de beurre
200 g de sucre en poudre
200 g de miel liquide.

Faire fondre le sucre en poudre dans le café. Ajouter le beurre et le miel liquide. Laisser cuire, sur feu doux, pendant 15 minutes environ. La pâte est cuite lorsque des gouttes, prélevées et plongées dans de l'eau froide, se solidifient aussitôt.

Verser le mélange sur un marbre légèrement huilé. Le découper en petits carrés réguliers alors qu'il est encore tiède.

Prép. : 20 mn.
Cuisson : 25 mn.

Caramels au café II

2 cuil. à soupe d'extrait de café
500 g de sucre en poudre
20 cl de crème fraîche épaisse.

Mettre le sucre en poudre dans un poêlon. Le mouiller avec un peu d'eau. Faire chauffer sur feu doux. Lorsque le sucre est fondu, ajouter la crème fraîche. Porter alors à ébullition et laisser cuire pendant 15 minutes environ.

Ajouter l'extrait de café et prolonger la cuisson, sans cesser de remuer.

Lorsque la préparation a épaissi, la verser sur un marbre légèrement huilé. Laisser refroidir avant d'y découper des petits carrés réguliers.

Prép. : 20 mn.
Cuisson : 15 mn.

Fondants au café

25 cl de café fort
250 g de sucre en poudre.

Faire chauffer le café et le sucre en poudre dans un poêlon, sur feu doux, jusqu'au petit boulé (109-116 °C). La pâte est cuite lorsqu'un peu de sirop versé avec la cuillère dans de l'eau froide forme une boule molle très malléable. Laisser ensuite tiédir.

Travailler la pâte, à peine tiède, avec une spatule en bois et, lorsqu'elle est assez consistante, façonner les fondants avec la main.

Prép. : 20 mn.
Cuisson : 35 mn.

Kalougas

1 tasse de café fort
100 g de beurre
250 g de sucre en poudre
10 cl de crème fraîche.

Travailler le beurre ramolli avec le sucre en poudre. Faire ensuite chauffer le mélange sur feu doux, pendant 15 minutes environ, sans cesser de remuer.

Ajouter le café et la crème fraîche. Prolonger la cuisson pendant 20 minutes, en continuant de remuer.

Verser la "pâte" sur un marbre légèrement huilé. Y graver des petits carrés réguliers avec la pointe d'un couteau, de façon à pouvoir la diviser en bonbons après refroidissement.

Prép. : 15 mn.
Cuisson : 20 mn.

Pâte de café

500 g de sucre en poudre
4 à 5 cuil. à soupe de farine
1/2 tasse d'extrait de café.

Faire cuire le sucre au petit cassé. Ajouter le café, puis la farine tamisée, en pluie, sans cesser de remuer, jusqu'à obtention d'une pâte assez épaisse. Laisser refroidir.

Lorsque la pâte est froide, la façonner en tablettes.

Prép. : 20 mn.
Cuisson : 10 mn.

Pastilles au café

50 g de café moulu très finement
Sucre glace.

Porter à ébullition 25 cl d'eau, additionnée de la mouture de café. Filtrer aussitôt et laisser refroidir.

Incorporer au café du sucre glace, en quantité suffisante pour obtenir un sirop épais. Faire chauffer dans un poêlon sur feu vif sans cesser de remuer, pendant 3 à 4 minutes.

Couler la pâte obtenue goutte à goutte sur un marbre huilé. Laisser refroidir.

Prép. : 20 mn.
Cuisson : 15 mn.

Moscovites

250 g d'amandes douces
25 g d'amandes amères
125 g de fondant au café
625 g de sucre en poudre
50 g de glucose
10 cl d'extrait de café
Gelée de groseille.

Piler les amandes douces et les amandes amères avec l'extrait de café le plus finement possible.

Faire cuire le sucre et le glucose à 135 °C. Incorporer les amandes pilées et aromatisées, puis le fondant au café.

Abaisser la pâte obtenue et laisser durcir.

Découper dans l'abaisse des disques d'environ 1,5 cm de diamètre. Enserrer une couche de gelée de groseille entre 2 disques. Garnir le dessus de chaque bonbon avec une perle de gelée de groseille.

Prép. : 20 mn.

Nougatine au café

500 g de noisettes
50 g de cerneaux de noix
200 g de sucre en poudre
Sucre cristallisé
1 cuil. à soupe d'extrait de café.

Piler les noisettes et les cerneaux de noix, avec le sucre en poudre, le plus finement possible. Ajouter l'extrait de café. Bien mélanger le tout.

Façonner la pâte obtenue en petites boules. Rouler celles-ci dans du sucre cristallisé.

POUR EFFACER LES TACHES DE CAFÉ

Lorsque ce type d'accident se produit, il suffit de laver le tissu marqué d'abord à l'eau pure, puis à l'eau savonneuse. Dans le cas des étoffes délicates, un jaune d'œuf cru délayé dans un peu d'eau chaude permet de venir à bout de la tâche. Si celle-ci est ancienne, il convient d'avoir alors recours à quelques gouttes d'esprit de vin.

Prép. : 20 mn.
Cuisson : 10 mn.

Truffettes au café

250 g de chocolat noir
2 cuil. à café d'extrait de café
100 g de beurre
1 jaune d'œuf
1 cuil. à soupe de rhum
Sucre cristallisé ou cacao en poudre sucré.

Briser le chocolat en morceaux et le faire fondre, sur feu doux au bain-marie.

Ajouter au chocolat fondu le beurre (ramolli), le jaune d'œuf, l'extrait de café et le rhum. Bien mélanger le tout et laisser un peu durcir.

Prélever des petits morceaux de pâte et les façonner en boulettes. Rouler celles-ci dans du sucre cristallisé ou du cacao en poudre sucré.

Ces truffettes se conservent au frais pendant quelques jours.

INDEX

TABLE DES MATIERES

Haldenstraße 11 - Lucerne - CH.

Dépôt légal 4e trim. 1992 - n° 2 012

ISBN 2-7372-2273-7
Imprimé en C.E.E.

CAF